Petra Beitzel

Kompetenzprofil der Fachberatung für Kindertageseinrichtungen

Deutscher Verein
für öffentliche
und private Fürsorge e.V.

Hand- und Arbeitsbücher (J 13)

Verlag des Deutschen Vereins
für öffentliche und private Fürsorge e.V.
Michaelkirchstraße 17/18, 10179 Berlin
www.deutscher-verein.de

Auslieferung über den Lambertus-Verlag:
www.lambertus.de

Druck:
Druckerei Joh. Walch GmbH & Co. KG, Augsburg

Printed in Germany 2014
ISBN 978-3-7841-2680-7
ISBN E-Book 978-3-7841-2681-4

Veröffentlicht mit Förderung durch das Bundesministerium
für Familie, Senioren, Frauen und Jugend (BMFSFJ)

Vorwort

Leistungsträger, Leistungserbringer und Leitungen von Kindertageseinrichtungen werden durch politische Setzungen, wissenschaftliche Forschungen und gesellschaftliche Entwicklungen zur Gestaltung von vielfältigen Veränderungsprozessen herausgefordert. Zur Bewältigung der Anforderungen steht ihnen die Fachberatung für Kindertageseinrichtungen als Unterstützungsinstrument zur Verfügung. Deren Kompetenzen haben einen wesentlichen Einfluss auf die Sicherung und Weiterentwicklung der Qualität pädagogischer Arbeit in den Kindertageseinrichtungen. Ziel dieser Broschüre ist die Herausarbeitung eines Kompetenzprofils der Fachberatung für Kindertageseinrichtungen. Es soll kommunalen Trägern der Familien- und Jugendhilfe, Leistungserbringern, Wissenschaft und der Fachöffentlichkeit, in erster Linie aber den Fachkräften und Fachberater/innen im Bereich Kindertagesbetreuung Anstöße zur Etablierung kompetenzstärkender Maßnahmen geben.

Die Fachberatung in der Kindertagesbetreuung ist ein Handlungsfeld, dem der Deutsche Verein seit Jahren eine besondere Aufmerksamkeit widmet. Angesichts des Ausbaus der Kindertagesbetreuung seit 2005 hat er dieses Unterstützungssystem verstärkt in den Fokus der fachpolitischen Debatte gerückt. So hat der Deutsche Verein mit seinen jährlichen Foren für Fachberatung und insbesondere den 2012 verabschiedeten „Empfehlungen zur konzeptionellen und strukturellen Ausgestaltung der Fachberatung im System der Kindertagesbetreuung“ die Neujustierung dieses zentralen Qualitätssicherungs- und Unterstützungssystems in der Kindertagesbetreuung initiiert und befördert. Die Begleitung der Forschung zu diesem zentralen Handlungsfeld der Kindertagesbetreuung ist dem Deutschen Verein weiterhin ein großes Anliegen. Wir freuen uns deshalb, dass wir mit der Veröffentlichung der Arbeit von Petra Beitzel dazu beitragen können, die Diskussion um die Profilbildung der Fachberatung weiter voranzutreiben.

Michael Löher
Vorstand des Deutschen Vereins
für öffentliche und private Fürsorge e.V.

Inhaltsverzeichnis

1. Einleitung

Kindertageseinrichtungen haben einen eigenständigen und gesetzlich verankerten Bildungsauftrag. Um eine gute Qualität der pädagogischen Arbeit zu gewährleisten, bedarf es qualifizierten Fachpersonals, einer professionellen Leitung und nicht zuletzt eines guten Trägers.[1]

Doch was heißt qualifiziert, professionell oder gut, insbesondere wenn man bedenkt, dass diese Verantwortungsträger stets herausgefordert werden, sich neuen politischen, fachlichen und gesellschaftlichen Anforderungen zu stellen? Schaut man sich allein die politischen Setzungen der letzten Jahre an, so werden eine Vielzahl und Vielfalt an Anforderungen und damit einhergehenden Veränderungsprozessen bewusst.

Auf Bundesebene wurde zum 1. August 2013 der Rechtsanspruch auf einen Betreuungsplatz für Kinder ab dem ersten Lebensjahr eingeführt. Das hatte bzw. hat den Um-, Aus- und Neubau von Kindertageseinrichtungen zur Folge. Auf Ebene des Bundeslandes Nordrhein-Westfalen gab es beispielsweise 2008 ein neues Kindergartengesetz[2], womit u.a. auch ein Paradigmenwechsel in der Finanzierung der Kindertageseinrichtungen einherging. Gleichzeitig begann in NRW die politisch gewollte Weiterentwicklung von ca. einem Drittel aller Kindertageseinrichtungen zum Familienzentrum. 2011 fand die erste Revision des Gesetzes mit leichten Veränderungen statt und für 2014 steht die zweite Revision an. In all den Jahren warten die Kindertageseinrichtungen in NRW auf die Verabschiedung der Bildungsgrundsätze[3], mit denen sie sich analog zu den Bildungsplänen der anderen Bundesländer auseinandersetzen (müssen). Als fachliche Herausforderung sei exemplarisch das Umsetzen der Erkenntnisse aus der Hirn- oder Bindungsforschung erwähnt. Als gesellschaftliche Herausforderung wirken beispielsweise die Vereinbarkeit von Familie und Beruf sowie die Veränderung des Familienbildes in die Kindertageseinrichtungen hinein.

Bei der Bewältigung all dieser politischen, fachlichen und gesellschaftlichen Anforderungen setzt die Fachberatung für Kindertageseinrichtungen an. Sie informiert die Verantwortungsträger über rechtliche Vorgaben und fachliche Hin-

1 Mit Träger sind in der vorliegenden Arbeit die öffentlichen (kommunalen) und freien Träger gemeint, die die Verantwortung für die wirtschaftliche und rechtliche Aufsicht von Kindertageseinrichtung(en) tragen.
2 Gesetz zur frühen Bildung und Förderung von Kindern (Kinderbildungsgesetz – KiBiz).
3 Grundsätze zur Bildungsförderung für Kinder von 0 bis 10 Jahren in Kindertageseinrichtungen und Schulen im Primarbereich in Nordrhein-Westfalen (NRW).

tergründe, reflektiert mit ihnen gesellschaftliche Veränderungen und stößt Entwicklungen in den Kindertageseinrichtungen an. Fachberatung unterstützt die Verantwortungsträger bei der Gestaltung von Veränderungsprozessen und leistet damit einen wesentlichen Beitrag zur Sicherung und Weiterentwicklung der Qualität der pädagogischen Arbeit. Aus dieser Verantwortung heraus muss an Fachberatung ebenso der Anspruch erhoben werden, qualifiziert, professionell und gut oder – anders ausgedrückt: kompetent zu sein. Doch was heißt kompetent, wenn man bedenkt, dass es für Fachberatung kaum spezifische Fort- und Weiterbildungsangebote gibt und auch keine explizite Ausbildung zur Fachberatung.

Der Deutsche Verein[4] (DV) hat 2012 „Empfehlungen zur konzeptionellen und strukturellen Ausgestaltung der Fachberatung im System der Kindertagesbetreuung"[5] herausgegeben. Dort[6] wird formuliert, dass es mit Blick auf die aktuellen Entwicklungen in der Ausbildung frühpädagogischer Fachkräfte, der zunehmenden Akademisierung und Internationalisierung dringend erforderlich sei, die notwendigen Qualifikationen und Kompetenzen der Fachberatung deutlicher zu beschreiben.

Da es nur wenig bzw. überschaubare wissenschaftliche Auseinandersetzung mit dem Arbeitsfeld der Fachberatung für Kindertageseinrichtungen im Allgemeinen und zu deren Kompetenzen im Besonderen gibt, werden die Anregungen der o.g. Empfehlungen des DV zur Beschreibung von Fachberatungskompetenzen mit dieser Arbeit aufgenommen.

Die Broschüre ist wie folgt aufgebaut: Zunächst werden wesentliche Aspekte zur konzeptionellen Ausgestaltung von Fachberatung für Kindertageseinrichtungen wie rechtliche Verankerung, Rahmenbedingungen und Qualifikationen herausgearbeitet. Ein besonderer Schwerpunkt liegt auf der Darlegung der Aufgaben von Fachberatung. Anschließend wird das Kompetenzverständnis und der KompetenzAtlas [sic] von Heyse und Erpenbeck (2009) erläutert. Darauf aufbauend wird ein Kompetenzprofil für Fachberatung von Kindertageseinrichtungen entwickelt. Es macht Aussagen über Basis- und Teilkompetenzen, die vorrangig für die Unterstützung von Trägern und Leitungen von Kindertageseinrichtungen und für

4 Der Deutsche Verein für öffentliche und private Fürsorge in Berlin ist das Forum des Sozialen für alle Bestrebungen und Entwicklungen, u.a. in den Bereichen Sozial-, Kinder-, Jugend- und Familienpolitik sowie der Sozial- und Jugendhilfe. Eine seiner Hauptaufgaben liegt in der Erarbeitung von Empfehlungen für die Praxis der öffentlichen und freien sozialen Arbeit.

5 NDV 12/2012, S. 562–571.

6 Ebd. (Fußn. 5), S. 569.

den Umgang mit den Rahmenbedingungen des eigenen Arbeitsfeldes erforderlich sind. Anschließend werden Anstöße zur Etablierung kompetenzstärkender Maßnahmen gegeben. Im Fazit werden weiterführende Gedanken zur Bedeutung des Kompetenzbegriffes und zur Weiterentwicklung des Kompetenzprofils für Fachberatung formuliert.

Grundsätzlich stützt sich diese Arbeit auf den Vergleich wesentlicher fachberatungsspezifischer Literaturquellen. Zudem fließt der Erfahrungshintergrund der Autorin durch ihre zehnjährige Berufspraxis als Fachberatung für Kindertageseinrichtungen ein. Damit liegt der landespolitische Praxisbezug schwerpunktmäßig auf Nordrhein-Westfalen und der trägerspezifische Bezug auf evangelischen Kindertageseinrichtungen.

2. Konzeptionelle Ausgestaltung der Fachberatung für Kindertageseinrichtungen

Unter Fachberatung allgemein, d.h. nicht konkret bezogen auf Kindertageseinrichtungen, versteht Wimmer (2012, S. 10) „einen gewollten und gesteuerten Kommunikationsprozess zwischen einem oder mehreren Beraterinnen und Beratern und einem oder mehreren Klienten mit dem Ziel, durch Vermitteln von sachlichen Informationen und fachlichem Wissen, den Klientinnen Grundlagen für Entscheidungen und Handlungsmöglichkeiten zu geben, um ihre Situation, ihre Anliegen und ihre Probleme verändern, lösen oder bewältigen zu können."

Es wäre ein Leichtes, diese Definition für Fachberatung für Kindertageseinrichtungen zu übernehmen, auch wenn der Begriff des Klienten unüblich ist. Jedoch ist Fachberatung für Kindertageseinrichtungen nicht nur ein gesteuerter Kommunikationsprozess, sondern auch ein kommunikativer Steuerungsprozess. Eine seit Jahren viel zitierte Definition findet sich im Fachlexikon der sozialen Arbeit:

> „Fachberatung für Kindertageseinrichtungen wird gesehen als eine personenbezogene, strukturentwickelnde soziale Dienstleistung, die qualitätsentwickelnd und -sichernd im Feld der Erziehungsarbeit und der Lebensgestaltung von Kindern arbeitet. Sie verbindet die fachliche, entwicklungs- und organisationsbezogene Beratung der Träger, der Leitungen und der Mitarbeiter/innen von Kindertagesstätten zu einer aktiven und integrierenden Vernetzung von Maßnahmen." (Irskens, 2007, S. 302).

Ferner heißt es dort, dass sich Fachberatung durch „Transferleistungen zwischen Wissenschaft und Praxis, Politik und Pädagogik, Tradition und Innovation" auszeichnet.

Doch nach Hense (2008, S. 53) steht im Rahmen der Profilentwicklung von Fachberatung die Definition auf dem Prüfstand. Sie (ebd., S. 198) erweitert die Definition mit Aussagen zu Kompetenzen der Fachberatung. Fachberatung weise sich durch ihre Praxisnähe und ihre Beratungskompetenz aus und verfüge über praktische Fähigkeiten im Elementarbereich. Ferner konkretisiert Hense (ebd.)

den Dienstleistungsaspekt, indem sie ihn in den Rahmen der Jugendhilfe setzt. Damit gibt sie einen Hinweis auf die rechtliche Verankerung der Fachberatung im Kinder- und Jugendhilfegesetz (SGB VIII).

2.1 Rechtliche Verankerung und Umsetzung

Fachberatung für Kindertageseinrichtungen findet ihre rechtliche, leider nur allgemein formulierte Verankerung im Achten Buch Sozialgesetzbuch (SGB VIII), dem Artikel 1 des KJHG. Nach § 72 Abs. 3 SGB VIII sind die Träger der öffentlichen Jugendhilfe verpflichtet, Fortbildung und Praxisberatung der Mitarbeitenden des Jugendamtes und Landesjugendamtes sicherzustellen. Diese Verpflichtung gilt nach § 74 Abs. 5 SGB VIII auch für Träger der freien Jugendhilfe, und diese sind nach Maßgabe von § 74 Abs. 6 finanziell zu fördern.

Der Landesrechtsvorbehalt in § 26 SGB VIII weist auf die Möglichkeit zur landesrechtlichen Ausgestaltung dieses Rahmens in Inhalt und Umfang hin. Von diesem wird nicht in allen Ländern Gebrauch gemacht. Laut „Ländermonitor Frühkindliche Bildungssysteme“[7] der Bertelsmann Stiftung (2008, o. S.) gibt es in zwölf Bundesländern allgemeine Vorgaben zur Fachberatung. In keinem Bundesland gibt es präzise und verbindliche Regelungen, in welchem Umfang Fachberatung stattzufinden hat bzw. welche Ressourcen für Fachberatung bereitzustellen sind. Auch in NRW findet man weder im KiBiz noch in der Personalvereinbarung[8] Aussagen zur Ausgestaltung von Fachberatung. Es gibt lediglich „Richtlinien über die Gewährung von Zuwendungen zur Förderung der Fachberatung Tageseinrichtungen für Kinder“ des Ministeriums für Arbeit, Gesundheit und Soziales NRW (MAGS, 1983, o.S.). Durch diese wird ein geringer Beitrag des Landes zu den Personalkosten für Fachberatung gewährleistet.

Im Gegensatz zur Fachberatung für Kindertageseinrichtungen wird für die Kindertagespflege im § 23 Abs. 4 SGB VIII ein gesetzlicher Anspruch auf Beratung explizit formuliert. Das unterstreicht ihre Schlüsselfunktion bei der Sicherung und Weiterentwicklung von Qualität in der Bildung, Erziehung und Betreuung von Kindern.

Aufgrund der allgemein gehaltenen Vorgaben haben die Anstellungsträger von Fachberatung für Kindertageseinrichtungen sowie die Fachberatung selbst ei-

7 Für den Ländermonitor sind die Landesministerien befragt worden, ob und wie präzise strukturelle Rahmenbedingungen, u.a. die Fachberatung, auf der Landesebene einheitlich für alle Kindertageseinrichtungen geregelt ist.

8 Vereinbarung zu den Grundsätzen über die Qualifikation und den Personalschlüssel nach § 26 Abs. 2 Nr. 3 des Gesetzes zur frühen Bildung und Förderung von Kindern.

nen großen Spielraum bei der Ausgestaltung des Arbeitsfeldes der Fachberatung. Neben Fachberatung mit reiner Beratungsfunktion gibt es Fachberatung, die in Personalunion die Dienst- und/oder Fachaufsicht innehat. Auch eine Mischung dieser Funktionen ist möglich, d.h. für einen Teil der Einrichtungen hat die Fachberatung die Dienst- und/oder Fachaufsicht und für einen anderen Teil die reine Beratungsfunktion. Im Folgenden wird der Fokus auf Fachberatung ohne Dienst- und/oder Fachaufsicht gelegt.

Trotz dieser Eingrenzung ergibt sich in der Ausgestaltung, d.h. im Hinblick auf Beschäftigungsformat, Aufgabenfeld und Qualifikationshintergrund folgendes heterogenes Bild.

2.2 Beschäftigungsverhältnisse und Rahmenbedingungen

Durch eine bundesweite Befragung von Fachberatungen für Kindertageseinrichtungen, einer Studie der Weiterbildungsinitiative Frühpädagogische Fachkräfte (WiFF)[9] (Leygraf, 2013, S. 30 ff.) ergibt sich folgendes Bild: 92 % der befragten Fachberatungen sind unbefristet und 6 % befristet beschäftigt sowie 2 % freiberuflich tätig. Zwei Drittel der angestellten Fachberatungen arbeiten in Vollzeit. Zählt man die freiberuflichen hinzu, relativiert sich der Anteil auf 33 %. Anstellungsträger sind sowohl öffentliche, freie als auch sonstige frei-gemeinnützige oder privatgewerbliche Träger (Trägerpluralität). 9 % der befragten Fachberatungen arbeiten für zwei oder mehrere Träger, sei es angestellt und/oder freiberuflich.

In der Benennung der Anzahl der Einrichtungen, für die eine Fachberatung zuständig[10] ist, ergibt sich eine sehr große Spannweite von einer bis zu 600 Einrichtungen pro Fachberatung (ebd.). Von den Fachberatungen, die mit 34,5 bis 45 Stunden in der Woche beschäftigt sind, sind mehr als ein Drittel (35 %) für 51 bis 100 Einrichtungen zuständig.[11] In einer Zwischenauswertung wurde der Durchschnitt von 57 Kindertageseinrichtungen pro Vollzeitstelle benannt (Beher und Walther, 2011, S. 21).

Die räumliche Entfernung der Kindertageseinrichtungen vom Dienstsitz der Fachberatung wird in der WiFF-Fachberatungsstudie zwar als Aspekt benannt, aber

9 Im Folgenden WiFF-Fachberatungsstudie genannt. WiFF ist ein Projekt des Bundesministeriums für Bildung und Forschung, der Robert Bosch Stiftung und des Deutschen Jugendinstituts e.V.

10 Jede Kindertageseinrichtung ist in der Regel einer bestimmten Fachberatung zugeordnet (Regionalitäts- statt Funktionalitätsprinzip).

11 3 % für 1 bis 10 Einrichtungen, 25 % für 11 bis 25 Einrichtungen, 18 % für 26 bis 50 Einrichtungen, 14 % für 101 bis 200 Einrichtungen und 4 % für 201 bis 600 Einrichtungen.

nicht näher beziffert. Eine Untersuchung des Sächsischen Staatsministeriums für Soziales (Tietze, Grenner, Gralla-Hoffmann und Dabrowski, 2008, S. 130)[12] hat ergeben, dass bei freien Trägern 50 % der Einrichtungen mehr als rund 60 km vom Dienstsitz entfernt liegen.

In der Zuständigkeit der Fachberatung für evangelische Kindertageseinrichtungen innerhalb des Evangelischen Kirchenverbandes Köln und Region[13] (EKV) liegen beispielsweise 57 Kindertageseinrichtungen. Darüber hinaus nehmen zwei Einrichtungen außerhalb der Evangelischen Kirche ihre Leistungen in Anspruch. Speziell für die spitzenverbandliche Außenvertretung kommen weitere 14 Einrichtungen aus dem Zuständigkeitsbereich anderer Fachberatungen hinzu, sodass es insgesamt 73 Kindertageseinrichtungen sind. Die weiteste Entfernung vom Dienstsitz liegt bei ca. 55 km und die zwischen den zwei am entferntest liegenden Einrichtungen bei ca. 85 km. Dies erfordert eine zeitliche und räumliche Mobilität der Fachberatung.

2.3 Handlungsfelder und Aufgaben

Um die Aufgaben von Fachberatung für Kindertageseinrichtungen zu konkretisieren, werden die von der Bertelsmann Stiftung (o. J., o. O.) identifizierten Handlungsfelder von Träger und Leitung von Kindertageseinrichtungen in den Blick genommen. Die Bertelsmann Stiftung hat nach einer Auswertung der aktuellen Fachliteratur, der Bildungspläne der 16 Bundesländer und der gesetzlichen und fachpolitischen Aufträge an Kindertageseinrichtungen sowie in zahlreichen Gesprächen mit Expert/innen und Praktikter/innen das Plakat „Gute Kita – Darauf kommt es an!“[14] entwickelt.

Die dort benannten Handlungsfelder[15] werden in Bezug zu den von der Bundesarbeitsgemeinschaft der Landesjugendämter (BAGLJÄ, 2003, S. 5)[16] formulierten

12 Abschlussbericht zur „Evaluierung der Personalausstattung in Kindertageseinrichtungen sowie Struktur und Angebote der Fachberatung für Kindertageseinrichtungen und Kindertagespflege in Sachsen“.

13 Zusammenschluss der Kirchenkreise Köln-Mitte, Köln-Nord, Köln-Rechtsrheinisch und Köln-Süd.

14 Plakat siehe Anlage oder unter http://www.bertelsmann-stiftung.de/cps/rde/xbcr/SID-2C94F4F0-BAB0E446/bst/xcms_bst_dms_37931__2.pdf.

15 Handlungsfelder: Gesamtverantwortung für den gesellschaftlichen und gesetzlichen Auftrag, Personalmanagement, Finanzmanagement, Bauwesen, Fortbildungsplanung, Qualitätsmanagement, Organisationsentwicklung, Kooperation zwischen Träger, Leitung und Kommune, Fachberatung, Öffentlichkeitsarbeit, Bau- und Ausstattungsentwicklung.

16 Die Auswahl dieser mittlerweile zehn Jahre alten Quelle erfolgte, da darauf in aktueller fachberatungsspezifischer Literatur immer noch Bezug genommen wird.

Haupt- und Einzelaufgaben der Fachberatung gestellt. Anschließend werden die Aufgaben mit der WiFF-Fachberatungsstudie (Leygraf, 2013, S. 16) verglichen. Im Rahmen dessen erfolgte eine Einschätzung der Fachberatungen, wie viel Zeit sie für einzelne Aufgaben aufwenden. Herausgehoben werden die Bewertungen mit hohem/sehr hohem Arbeitsanteil. In Einzelfällen findet ein ergänzender Beleg durch weitere Quellen statt. Durch diese Vorgehensweise[17] lassen sich folgende Aufgaben der Fachberatung ableiten.

2.3.1 Umsetzung gesetzlicher Rahmenbedingungen

Auf dem Plakat der Bertelsmannstiftung (siehe Anlage) wird dem Träger die Gesamtverantwortung für den gesellschaftlichen und gesetzlichen Auftrag[18] und der Leitung die Verantwortung für die Sicherstellung des laufenden Betriebes zugeordnet. Mit diesem breiten Handlungsfeld kann die Umsetzung gesetzlicher Rahmenbedingungen als eine von der BAGLJÄ benannte Hauptaufgabe der Fachberatung in direkte Beziehung gesetzt werden. Dahinter steht die Einzelaufgabe der Fachberatung, Träger und Leitung Informations- und Entscheidungshilfen zu rechtlichen Fragen zu geben.

Fachberatung muss bei allen aufgeführten Handlungsfeldern wesentliche rechtsverbindliche Grundlagen berücksichtigen. Bei der Konzeptionsentwicklung sind es beispielsweise das Übereinkommen über die Rechte von Menschen mit Behinderung, das Bundeskinderschutzgesetz (BkiSchG) und die landesspezifischen Kindergartengesetze, wie in NRW das Kinderbildungsgesetz (KiBiz). Im Rahmen von Personalentwicklung ist auf das Allgemeine Gleichbehandlungsgesetz (AGG) und auf Datenschutzvorschriften zu achten. Bei den evangelischen Kindertageseinrichtungen innerhalb des EKV sind Regelungen innerhalb des Bundesangestelltentarifs Kirchliche Fassung (BAT-KF) oder die Mitbestimmungs- und Mitwirkungsrechte der Mitarbeitendenvertretung (MAV) zu berücksichtigen.

---

17 Zur Verbesserung der Lesbarkeit wird in den Ausführungen unter 2.3.1 bis 2.3.9 auf die Wiederholung der stets gleichen Quellenangaben zur Bertelsmannstiftung, BAGLJÄ und WiFF (Leygraf) verzichtet.

18 Da sich das Plakat sowohl an die öffentlichen als auch die freien Träger von Kindertageseinrichtungen in den Kommunen/Kreisen richtet, kann nach Auffassung der Autorin mit Gesamtverantwortung für den gesetzlichen und gesellschaftlichen Auftrag nur die Landesgesetzgebung, z.B. der nach § 3 Abs. 1 KiBiz formulierte eigenständige Bildungs-, Erziehungs- und Betreuungsauftrag, gemeint sein und nicht die im § 79 Abs. 1 SGB VIII verankerte Gesamtverantwortung für die Erfüllung der Aufgaben nach dem Sozialgesetzbuch.

2.3.2 Konzeptionsentwicklung

Auf dem Plakat der Bertelsmann Stiftung wird ausschließlich der Leitung das Handlungsfeld der Konzeptionsentwicklung zugeschrieben. Da der Träger nicht nur die Gesamtverantwortung für die Erfüllung des gesetzlichen und gesellschaftlichen Auftrages der Kindertageseinrichtung hat, sondern auch die Verantwortung bei der konzeptionellen Einbindung der Kindertageseinrichtung in seine Trägerorganisation, gehört dieses Handlungsfeld mit in seinen Verantwortungsbereich und darf nicht ausschließlich der Leitung übertragen werden. Gestützt wird diese Einschätzung durch Fthenakis, Hanssen, Oberhuemer und Schreyer (2003, S. 33)[19], die Konzeptionsentwicklung als eine Dimension der Trägerqualität bezeichnen. Die Verantwortung der Träger liege vorwiegend in der Sicherung der notwendigen zeitlichen, personellen und materiellen Rahmenbedingungen für eine gelingende Entwicklung und Umsetzung der Konzeptionsziele und -vorhaben durch die pädagogischen Fachkräfte.

Die BAGLJÄ führt die Weiterentwicklung der pädagogischen Praxis der Kindertageseinrichtungen ebenfalls als Hauptaufgabe der Fachberatung auf. Ebenso gehört die Mitgestaltung trägerspezifischer Zielsetzungen mit in den Aufgabenkatalog. Als damit verbundene Einzelaufgabe wird die Konzeptionsumsetzung und -fortschreibung unter Berücksichtigung der sozialpädagogischen und familienergänzenden Funktion der Kindertagesstätte benannt. Es sollen Informations- und Entscheidungshilfen zu pädagogischen Fragen gegeben werden. Die Ergebnisse der WiFF-Fachberatungsstudie – die die konkrete Praxis von Fachberatung in den Blick genommen hat – steht die Konzeptions- wie auch die Organisationsentwicklung an zweiter Stelle aller zu erfüllender Aufgaben von Fachberatung. 78 % der befragten Fachberater/innen bewerten sie mit einem hohen bzw. sehr hohen Arbeitsanteil.

2.3.3 Organisationsentwicklung

Wie in der Einleitung beschrieben, unterliegen Kindertageseinrichtungen vielerlei Veränderungsprozessen, d.h. die Organisation Kindertageseinrichtung entwickelt sich stetig weiter. Organisationsentwicklung wird auf dem Plakat der Bertelsmann Stiftung als Handlungsfeld von Träger und Leitung aufgeführt. Im Rahmen der WiFF-Fachberatungsstudie wird sie durch eine Bindestrichformulie-

19 Das Evaluationsinstrument mit dem Titel „Träger zeigen Profil" wurde im Rahmen des Projekts „Trägerqualität" im Projektverbund „Nationale Qualitätsinitiative im System der Tageseinrichtungen für Kinder" entwickelt und richtet sich an Rechtsträger von Kindertageseinrichtung und deren Vertreter/innen.

rung in enge Verknüpfung mit Konzeptionsentwicklung gebracht (Konzeptions- und Organisationsentwicklung von Kindertageseinrichtungen). Auch von der BAGLJÄ werden Organisationsentwicklung und die Begleitung bei der Umsetzung von Innovationen als Hauptaufgaben benannt. Als Einzelaufgabe wird die Organisationsberatung in methodische, inhaltliche und organisatorische Fragestellungen aufgeschlüsselt.

Beispiele für politisch angestoßene Veränderungsprozesse in NRW sind die Weiterentwicklung von Kindertageseinrichtungen zu Familienzentren oder die Abgabe der Schulkinderbetreuung an die Offene Ganztagsgrundschule (OGS). Trägerinterne Veränderungsprozesse im Bereich der evangelischen Kindertageseinrichtungen innerhalb der Evangelischen Kirche im Rheinland (EKiR) sind vielerorts die Zusammenlegung mehrerer Träger zu einer neuen Trägerorganisation oder die Übergabe von Kindertageseinrichtungen an einen anderen Träger. Aber auch das interne Zusammenwirken in einer Kindertageseinrichtung ist durch stetes Verändern geprägt. Jede Aufnahme eines neuen Kindes und jeder Personalwechsel, aber auch die Umstellung der Mittagessensverpflegung, die Umgestaltung des Außengeländes oder die Einführung eines neuen Dienstplanes erfordern umfangreiche Anpassungen im gesamten System. Hier ist die Fachberatung gefordert, in enger Zusammenarbeit mit den Trägerverantwortlichen Veränderungsprozesse fachlich zu begleiten.

2.3.4 Kooperation und Vernetzung

Die Kooperation mit den Akteuren im Sozialraum wird auf dem Plakat der Bertelsmann Stiftung als Handlungsfeld von Träger und Leitung bezeichnet und ist in der WiFF-Fachberatungsstudie als Vernetzung zwischen Kindertageseinrichtungen und anderen Institutionen aufgenommen worden. Nahezu die Hälfte aller befragten Fachberatungen (43 %) bewertet diese Aufgabe mit einem hohen bzw. sehr hohen Arbeitsanteil. Dazu zählt die BAGLJÄ beispielsweise die Kooperation der Kindertageseinrichtungen mit Erziehungs- und Beratungsstellen, Frühförderstellen, Schulen, Gesundheitsamt, Fachschulen, Fachhochschulen oder Landesjugendamt. Die Kooperation mit Kindertagespflege[20] wird in allen drei Quellen nicht benannt.

20 Der Träger der öffentlichen Jugendhilfe hat nach § 22a Abs. 1 SGB VIII sicherzustellen, dass die Fachkräfte in ihren Einrichtungen zum Wohl der Kinder und zur Sicherung der Kontinuität des Erziehungsprozesses mit Tagespflegepersonen zusammenarbeiten. Nach § 22a Abs. 5 SGB VIII soll dies durch geeignete Maßnahmen in Einrichtungen anderer Träger sichergestellt werden.

Darüber hinaus wird in der WiFF-Studie die Kooperation zwischen den Tageseinrichtungen als Aufgabe der Fachberatung abgefragt. Die Organisation des Erfahrungsaustausches zwischen den Kindertageseinrichtungen wird vom dritthöchsten Anteil an Leitungen (70 %) mit einem hohen/sehr hohen Arbeitsanteil bewertet. In der praktischen Umsetzung bedeutet dies, dass die Fachberatung Leitungs- und Trägerforen oder Arbeitskreise und -gemeinschaften organisiert und begleitet.

Die Kooperation zwischen freigemeinnützigem Träger, Einrichtung und dem örtlichen bzw. überörtlichem Träger der öffentlichen Jugendhilfe als Handlungsfeld der Träger (Bertelsmann Stiftung) wird seitens der BAGLJÄ lediglich als adressatenbezogener Inhalt von Fachberatung und nicht als konkrete Aufgabe beschrieben (ebd. S. 6). Zu diesen Inhalten gehöre die Mitwirkung in der Jugendhilfeplanung sowie die Etablierung und der Ausbau bedarfsgerechter Angebote. Obwohl diese Aufgabe nicht bei der WiFF-Fachberatungsstudie berücksichtigt worden ist, muss das nicht heißen, dass Fachberatung dafür keine Zeit aufwendet. Im Zuge zunehmender Kommunalisierung, wie zum Beispiel der Festschreibung der Elternbeiträge auf kommunaler Ebene, oder zunehmender ökonomischer Zwänge der Träger, z. B. Erbringung des Trägeranteils, müssen sich Träger den Gestaltungs- und Verhandlungsspielräumen in der Kommune stellen und können von der Fachberatung unterstützt werden.

In der WiFF-Fachberatungsstudie wird zudem die Zusammenarbeit der Fachberatungen untereinander als Aufgabe aufgeführt. Sie wird von 43 % der Fachberatungen mit einem hohen bzw. sehr hohen Arbeitsanteil bewertet. Mögliche Kooperationsformen können strukturell verankerte Fachberatungsforen, -arbeitskreise oder -konferenzen auf verbandlicher oder kommunaler Ebene sein, aber auch bilateral gelebte Kooperationen auf der Grundlage von persönlichen und fachlichen Kontakten.

Zuletzt sei noch darauf hingewiesen, dass von der Bertelsmann Stiftung die Kooperation des Trägers mit der Fachberatung auch als Handlungsfeld bei der Leitung benannt wird. Damit wird die Zusammenarbeit dieser Personen zwar als Aufgabe unterstrichen, was jedoch in der Praxis nicht von allen Trägern und Leitungen gleichermaßen wahrgenommen wird.

2.3.5 Personalentwicklung

Personalmanagement und Fortbildungsplanung wird von der Bertelsmann Stiftung als Handlungsfeld von Träger und Leitung dargestellt. Von der BAGLJÄ wird

Personalentwicklung als Hauptaufgabe der Fachberatung aufgeführt und mit Qualifizierung und Professionalisierung des pädagogischen Personals als Einzelaufgabe ausgeführt. In der WiFF-Fachberatungsstudie wird bei der Frage nach Aufgaben zur Qualifizierung der Fachkräfte unterschieden zwischen Planung und Organisation von Fort- und Weiterbildung (63 % der Fachberatungen bewerten diese Aufgabe mit hohem/sehr hohem Arbeitsanteil), Durchführung von Fortbildung (45 %) und Information und Beratung zu Fort- und Weiterbildungen (50 %).

Der Deutsche Verein (NDV 12/2012, S. 566) sieht die zukünftige Kernaufgabe der Fachberatung dagegen nicht in der Durchführung von Fort- und Weiterbildungen. Fachberatung habe hier gleichwohl eine bedarfsermittelnde, filternde, koordinierende, beratende und damit steuernde Funktion und müsse mit den Anbietenden kooperieren.

Diese gegensätzlichen Richtungen machen deutlich, dass sich Fachberatung vor Ort positionieren und ihr Kerngeschäft definieren muss: Was muss sie tun, um sich für die Wirksamkeit von Personalentwicklungsmaßnahmen und damit die Sicherung und Weiterentwicklung von Qualität in den Einrichtungen einzusetzen (Effektivität)? In welchem Aufwand stehen Aufwand und Nutzen bei einer eher strategischen bzw. bei einer operativen Ausrichtung der Fachberatung (Effizienz)?

2.3.6 Qualitätsentwicklung und -sicherung

Die Bertelsmann Stiftung zählt Qualitätsmanagement zu den Handlungsfeldern von Träger und Leitung. Auch die BAGLJÄ hat die Sicherung der Qualitätsstandards als Hauptaufgabe der Fachberatung formuliert. Dazu gehöre die Beratung und Unterstützung bei der Erarbeitung von Leitzielen und Qualitätsstandards in der Kindertagesbetreuung und konkret in der Einrichtung sowie die Unterstützung und Begleitung von Qualitätsentwicklungsprozessen. In der WiFF-Fachberatungsstudie wird gezielt nach den Aufgaben der internen sowie externen Evaluation[21] gefragt. Die Unterstützung interner Evaluation in Kindertageseinrichtungen macht bei 41 % der Fachberatungen einen hohen/sehr hohen Arbeitsanteil aus, die externe Evaluation 26 %.

Unklar bleibt in den vorliegenden Literaturquellen, ob mit der Aufgabe der Qualitätsentwicklung und -sicherung grundsätzlich ein systematisierter und standardisierter Evaluierungsprozess verstanden wird oder die fachberaterischen Tätig-

21 Zur Sicherstellung der Qualität ist der Einsatz von Instrumenten und Verfahren zur Evaluation in § 22a Abs. 1 SGB VIII gesetzlich verankert.

keiten allgemein als solche dienen. Sollte eine Fachberatung in Personalunion auch die QM-Beauftragung oder die Funktion einer Auditorin bzw. eines Auditors innehaben, so bedarf es nach Auffassung der Autorin einer klaren Definition und Abgrenzung dieser beiden Rollen.

2.3.7 Öffentlichkeits- und Gremienarbeit

Die Öffentlichkeitsarbeit wird als Handlungsfeld von Träger und Leitung benannt, taucht aber weder bei der Beschreibung der Haupt- und Einzelaufgaben der Fachberatung durch die BAGLJÄ noch bei der WiFF-Fachberatungsstudie auf. Lediglich die Interessenvertretung in öffentlichen Gremien als Handlungsfeld der Leitung spiegelt sich in der Gremienarbeit auf Fachberatungsebene wider. Da nur 13 % der Fachberatungen diese Aufgabe mit hohem/sehr hohem Arbeitsanteil bewerten, steht die Frage nach der Wertigkeit berufspolitischer Aktivitäten und dem Transferverständnis von Fachberatung im Raum. Öffentlichkeits- und Gremienarbeit ist nach Auffassung der Autorin ebenfalls eine wesentliche Aufgabe von Fachberatung, um die Interessen und Anliegen der Verantwortungsträger nach außen zu vertreten. Denn nach der oben benannten Definition von Fachberatung für Kindertageseinrichtungen handelt es sich nicht um eine Transferaufgabe *von* Politik zu Pädagogik, sondern eine *zwischen* Politik und Pädagogik.

2.3.8 Finanzmanagement und Bauwesen

Finanzmanagement des Trägers und Budgetverantwortung der Leitung als Handlungsfelder können durch Fachberatung unterstützt werden, indem sie lt. BAGLJÄ Informations- und Entscheidungshilfen zu betriebswirtschaftlichen bzw. finanziellen Fragestellungen gibt und bei der Umsetzung betriebswirtschaftlicher Rahmenbedingungen begleitet. Aus der WiFF-Fachberatungsstudie wird ersichtlich, dass 22 % der Fachberatungen Finanzverwaltung als Aufgabe mit einem hohen bzw. sehr hohen Arbeitsanteil angeben. Hier liegt die Vermutung nahe, dass dies insbesondere bei den Fachberatungen der Fall ist, die zusätzlich die Aufsichtsfunktion innehaben. Die Fachberatung ohne Dienst- und/oder Fachaufsicht, um die es vorrangig in dieser Arbeit geht, sollte zwar nicht die Verwaltung der Finanzen als Aufgabe haben, wohl aber die wirtschaftlichen Fragen, Sorgen und Pläne eines Trägers mit fachlich-pädagogischen Prinzipien und Interessen innerhalb einer Kindertageseinrichtung argumentativ in Verbindung bringen können.

Das Bauwesen und die Bau- und Ausstattungsentwicklung wird auf dem Plakat der Bertelsmann Stiftung als Handlungsfeld explizit den Trägern zugeordnet. In der Praxis wird diese Aufgabe auch an Leitung übertragen. Die Fachberatung hat die Aufgabe lt. BAGLJÄ mit Informations- und Entscheidungshilfen zu baulichen Fragen, insbesondere bei Sanierung, Planung und Bau von Einrichtungen zu unterstützen.

Auch wenn die Investitionsphase im Ausbau zur Erfüllung des Rechtsanspruches nahezu abgeschlossen ist oder in der WiFF-Fachberatungsstudie diese Aufgabe nicht abgefragt worden ist, darf sie nicht aus dem Aufgabenkatalog der Fachberatung genommen werden. Die Gestaltung von Gebäude und Räumen spiegeln Werte und Grundhaltungen der pädagogischen Arbeit wider und sollen die (Selbst-)Bildungsprozesse der Kinder anregen.

2.3.9 Veränderbarkeit der Aufgaben

Das bisher beschriebene multiple Aufgabenfeld ist durchaus erweiter- oder veränderbar. Zum Zeitpunkt der WiFF-Fachberatungsstudie bezifferten nahezu die Hälfte der Fachberatungen (48 %), d.h. fast jede zweite, Veränderungen im eigenen Aufgabenprofil (Leygraf, ebd., S. 19). In den drei Quellen werden zudem Kommunikations- und Konfliktberatung, Verwaltung, Förderung der Integration und Familienorientierung/Elternbeteiligung als weitere Aufgaben benannt.

Kommunikations- und Konfliktberatung des pädagogischen Personals der Einrichtung wird von der BAGLJÄ als Einzelaufgabe betrachtet. In der WiFF-Studie heißt es zwar, dass der höchste Anteil der Fachberatungen (87 %) die Beratung als Aufgabe mit einem hohen bzw. sehr hohen Arbeitsanteil bewertet. Jedoch gibt es keine differenzierte Aussage, ob in der allgemeinen Beratung des Trägers sowie Beratung und Begleitung von Leitung, pädagogischem Personal und Teams auch Kommunikations- und Konfliktberatung enthalten sind. Für diese Aufgabe wird aus Erfahrung der Autorin statt der Fachberatung auch Supervision oder Coaching in Anspruch genommen.

Verwaltung ist ein auf dem Plakat der Bertelsmann Stiftung benanntes Handlungsfeld der Träger und Leitung. Lt. WiFF-Fachberatungsstudie übernimmt über die Hälfte der Fachberatungen (52 %) Organisationsaufgaben des Trägers. Dies könnte ebenso wie bei der Finanzverwaltung an der Verknüpfung mit Dienst- und/oder Fachaufsicht liegen. Verwaltungsaufgaben des Trägers werden von der BAGLJÄ nicht als Aufgabe von Fachberatung aufgezählt und sollten nach Auffassung der Autorin auch nicht in den Aufgabenkatalog der Fachberatung aufgenommen werden. Denn neben dem nicht unerheblichen bürokratischen Aufwand, den die Fachberatung für sich selbst zu bewältigen hat, z.B. Aktenführung, muss Fachberatung aktiv Impulsgebende für das System Kindertageseinrichtungen bleiben und nicht passiv Verwaltende werden.

Die BAGLJÄ hat des Weiteren die Förderung und Unterstützung der integrativen Bildung und Erziehung sowie die Beratung und Unterstützung bei der Förderung von Kindern mit besonderem Förderbedarf in der Entwicklung bzw. in den Entwicklungsbedingungen als Einzelaufgabe benannt. Bei der Bertelsmann Stiftung taucht dies im pädagogischen Handlungsfeld der pädagogischen Mitarbeitenden auf. Fachberatung unterstützt lt. WiFF-Befragung mit Fallbesprechungen. Im Zuge der Inklusionsbestrebungen muss nach Auffassung der Autorin diese Aufgabe und damit die Abgrenzung zwischen Kindern mit und ohne Behinderung nicht mehr explizit benannt werden, sondern zur selbstverständlichen, inklusiven Grundhaltung der Fachberatung werden.

Neben einer möglichen Erweiterung von Aufgaben können sich Aufgaben auch in ihrer Art oder Gewichtung verändern. So gewinnt aktuell die Konzeptionsentwicklung durch das 2012 in Kraft getretene Bundeskinderschutzgesetz an Bedeutung. Die Kindertageseinrichtungen in NRW müssen demnach 2014 ihre Konzeptionen im Hinblick auf die Mitbestimmungs- und Beschwerderechte von Kindern überarbeiten. Das bedeutet für die Fachberatung, Träger und Leitung bei der Gestaltung und Verankerung kindgemäßer Beteiligungsverfahren (Partizipation) zu unterstützen.

Aufgaben ändern sich nicht nur durch sich verändernde Handlungsfelder von Träger und Leitung, sondern können sich auch durch strukturelle Neuorganisation der Einrichtungslandschaft oder des Anstellungsträgers der Fachberatung ergeben. Exemplarisch für eine strukturelle Neuorganisation der Kindertageseinrichtungen ist ein Zusammenschluss von mehreren Kindertageseinrichtungen unter neuer Trägerschaft. Insbesondere wenn dort eine eigene Fachberatung mit Fachaufsicht installiert wird, müssen neue Zuständigkeiten und Grenzen der bisherigen Fachberatung formuliert werden. Eine strukturelle Neuorganisation des eigenen Anstellungsträgers liegt beispielsweise dann vor, wenn eine durch Sparmaßnahmen bedingte Veränderung, Streichung oder Eingrenzung von Arbeitsbereichen erfolgt. Davon kann auch die Fachberatung betroffen sein.

Zusammenfassend lässt sich feststellen, dass der aus den Handlungsfeldern der Träger und Leitungen abgeleitete Aufgabenkatalog für Fachberatungen sehr komplex und von vielfältigen, sich verändernden Variablen geprägt ist.

Mit welchen Qualifikationen Fachberatung derzeit ausgestattet ist, um diesem breit angelegten Aufgaben- und Tätigkeitsspektrum zu begegnen, ist Gegenstand des nächsten Abschnittes.

2.4 Qualifikationen

Mit Qualifikation ist die formale Qualifikation gemeint, die der Fachberatung durch ein Zeugnis, ein Zertifikat oder Ähnliches zugesprochen wird. Nach den Aussagen von Leygraf (2013, S. 25 ff.) haben 85 % der befragten Fachberatungen ihre Schulausbildung mit (Fach-)Abitur abgeschlossen, 82 % der Fachberatungen haben einen akademischen Abschluss, 77 % in einem fachlich einschlägigen Studium, z.B. Sozialpädagogik. 39 % der Fachberatungen haben ihr Studium nach der Erzieher/innenausbildung absolviert.

Leygraf (ebd., S. 28) spricht von einem hohen Qualifikationsniveau, da gut zwei Drittel der Fachberatungskräfte weitere Zusatzqualifikationen, z.B. in den Arbeitsbereichen Qualitätsmanagement, Coaching oder Supervision, erlangt hätten. Dennoch spricht er an anderer Stelle (ebd., S. 29) von einer notwendigen Anhebung des Qualifikationsniveaus, da nicht einmal die Hälfte der Fachberatungen fachberatungsspezifische Zusatzqualifikationen erwerbe. Nach Friesinger (2008, S. 23) könne Fachberatung ihre Tätigkeit und ihre Weiterbildungsorientierungen aus einem mannigfaltigen Nebeneinander und interdisziplinären Durcheinander von Weiterbildungsangeboten schöpfen oder auch nicht. Tietze u.a. (2008, S. 124) kamen zu dem Schluss, dass ein Großteil der Fachberatungen über keine formal höhere Qualifikation als die Klientel verfüge, die sie beraten. Darin spiegelt sich wider, dass Fachberatung kein eigenständiges Berufsbild ist und es keine landes- oder bundesweit anerkannte Ausbildung und keinen akkreditierten Studiengang spezifisch für Fachberatung für Kindertageseinrichtungen gibt.

Doch bei aller Diskussion um formale Qualifikationen steht die Frage im Raum, ob diese ausreichend sind oder sein würden, um das tatsächliche, aktuell vorhandene bzw. notwendige Kennen, Können und Wollen einer Fachberatung widerzuspiegeln, das erforderlich ist, Träger und Leitung in ihren Handlungsfeldern zu unterstützen. Ein hoher Schul- und Berufsabschluss mit einer Vielzahl an Zusatzqualifikationen gewährleistet nicht automatisch, dass die beruflichen Handlungsanforderungen *kompetent* bewältigt werden. Auch eine mögliche Ausbildung zur Fachberatung ist noch keine Garantie dafür.

Deswegen soll der Blick auf den Begriff der Kompetenzen gelenkt werden. Da der Kompetenzbegriff allerdings im Alltag und Berufsleben ein allgemein gängiger und nahezu inflationär genutzter Begriff und damit zu einer modischen und vieldeutigen Worthülse geworden ist, soll er zunächst näher beleuchtet werden, bevor ein Kompetenzprofil für Fachberatung entwickelt wird.

3. Kompetenzorientierung auf der Grundlage von Heyse und Erpenbeck

Kompetenz wird lt. Duden Fremdwörterbuch (Kraif und Wermke, 2007, S. 544) zum einen als Vermögen oder Fähigkeit und zum anderen als Zuständigkeit, Befugnis definiert. In dieser Arbeit geht es um die erstgenannte Bedeutung, jedoch selbst diese kann unterschiedlich aufgefasst werden.

Nach Heyse und Erpenbeck (2009, S. XVII) gibt es in Deutschland zwei unterschiedliche, deutlich voneinander getrennte Richtungen in der Kompetenzforschung mit unterschiedlichen Kompetenzauffassungen. Sie sollen im Folgenden als Kognitions- und Performanzrichtung vorgestellt werden.

3.1 Kompetenzverständnis

Bei der **Kognitionsrichtung** werden vorrangig kognitives Wissen und berufliche Fertigkeiten sowie Qualifikationen als Kompetenzen verstanden. Die **Performanzrichtung** betrachtet dagegen Kompetenzen als spezifische Handlungsfähigkeiten. Sie ist nach Heyse und Erpenbeck (ebd.) auf Kompetenzen als Voraussetzungen für die Durchführung und Verwirklichung von Handlungen, also auf Performanz gerichtet. „Sie sind die individuellen Voraussetzungen, sich in konkreten Situationen an veränderte Bedingungen anzupassen, eigene Verhaltensstrategien zu ändern und erfolgreich umzusetzen" (ebd., S. XII). Heyse und Erpenbeck (ebd., S. XVIII) folgen der Performanzrichtung und definieren Kompetenzen als **Selbstorganisationsfähigkeiten**.

Damit bringen sie Wissen, Qualifikationen und Kompetenzen als drei Dimensionen in eine enge Beziehung zueinander, die sie (ebd., S. XVIII) als **Inklusionsbeziehung** bezeichnen. Danach gebe es keine Kompetenzen ohne Wissen und Qualifikationen, wohl aber Wissen und Qualifikationen ohne Kompetenzen.

Heyse und Erpenbeck (ebd., S. XI) nehmen eine weitere Ausdifferenzierung des Kompetenzbegriffes vor, indem sie sagen, dass Kompetenzen nicht nur durch Wissen im engeren Sinne fundiert sind, sondern „durch Regeln, Werte und Normen konstituiert, durch Interiorisationsprozesse personalisiert, als Fähigkeiten disponiert, durch Erfahrungen konsolidiert und aufgrund von Willen realisiert" werden (siehe Abb. Nr. 1).

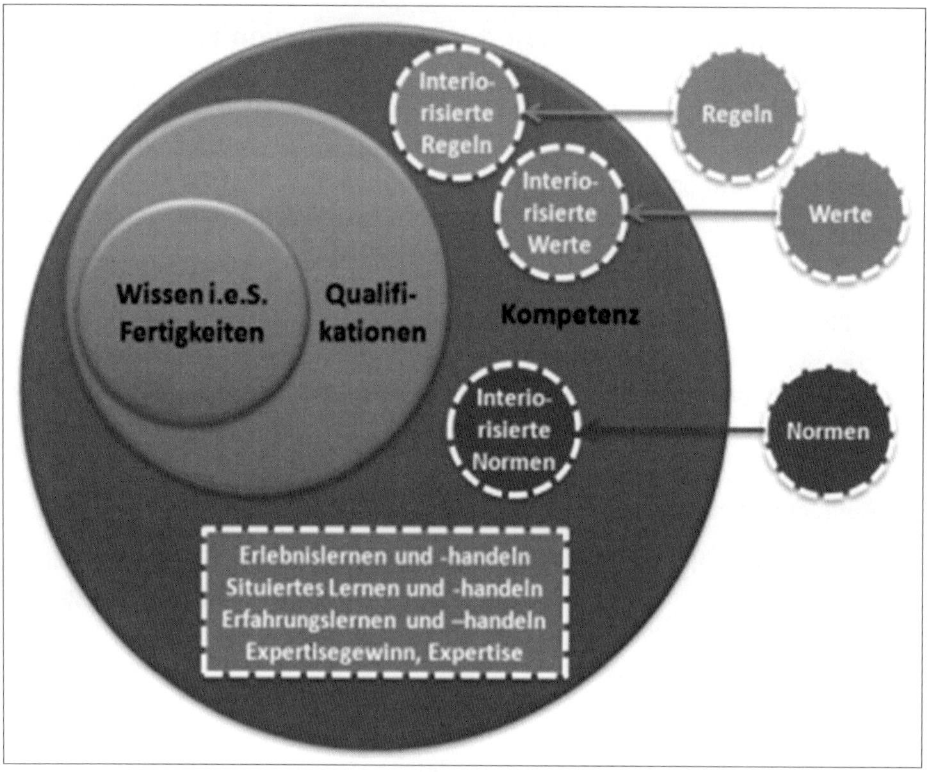

Abb. Nr. 1: Einheit von Wissen, Qualifikation und Kompetenz (Heyse, V. [2010]: Verfahren zur Kompetenzermittlung und Kompetenzentwicklung. KODE® im Praxistest, in: V. Heyse/J. Erpenbeck/S. Ortmann [Hrsg.]: Grundstrukturen menschlicher Kompetenzen. Praxiserprobte Konzepte und Instrument, Waxmann: Münster, S. 71)

Auf der Grundlage dieses Kompetenzverständnisses haben sich Heyse und Erpenbeck mit Art und Umfang von Kompetenzen auseinandergesetzt, diese systematisiert und zu einem KompetenzAtlas zusammengefasst.

3.2 KompetenzAtlas

Heyse und Erpenbeck (2009, S. XIII) haben durch umfangreiche empirische Untersuchungen einen KompetenzAtlas entwickelt. Dabei werden 64 Teilkompetenzen vier Kompetenzgruppen (Basiskompetenzen) zugeordnet.

Die Basiskompetenzen lauten: personale Kompetenz, Aktivitäts- und Handlungskompetenz, sozial-kommunikative Kompetenz sowie Fach- und Methodenkompetenz.

Personale Kompetenzen sind Fähigkeiten, die sich auf die eigene Person beziehen. Aktivitäts- und Handlungskompetenz ist die Fähigkeit, alles Wissen und Können umzusetzen. Sozial-kommunikative Kompetenz beschreibt die Fähigkeit, sich mit anderen auseinanderzusetzen, und Fach- und Methodenkompetenz die Fähigkeit, mit fachlichen und methodischem Wissen Situationen bewältigen zu können (Heyse und Erpenbeck, 2007, S. 15).

Der KompetenzAtlas stellt sich wie folgt dar:

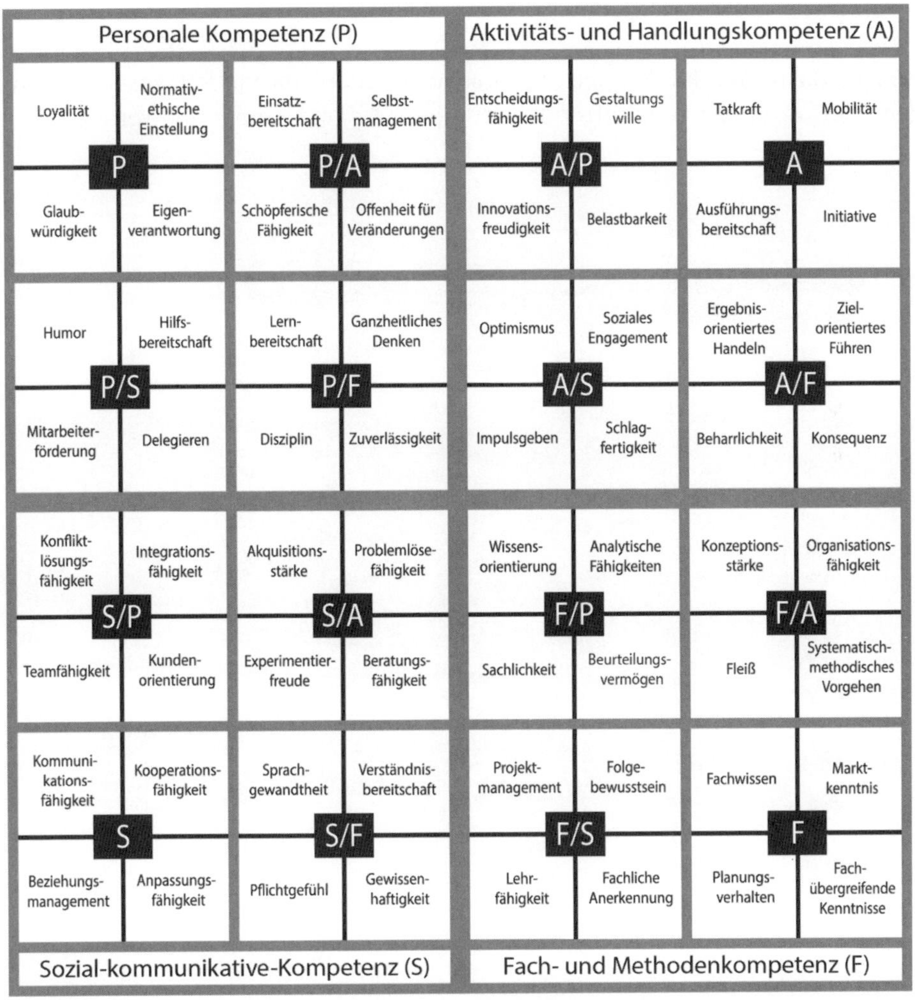

Abb. Nr. 2 KompetenzAtlas nach Heyse und Erpenbeck (Volker Heyse/John Erpenbeck: Kompetenztraining. Informations- und Trainingsprogramme. 2. Auflage, S. 13. © 2009 Schäffer-Poeschel Verlag für Wirtschaft, Steuern und Recht GmbH Stuttgart)

Das Modell zeigt, dass Kompetenzbegriffe oft nicht sehr trennscharf sind und sich mit anderen Kompetenzen überlappen. Zum Beispiel ist Zuverlässigkeit (P/F) eine personale Kompetenz, die auch Anteile von fachlich-methodischer Kompetenz aufweist.

Die Teilkompetenzen werden von Heyse und Erpenbeck (2007, S. 28 ff.) mit insgesamt 211 Synonymen im sog. SynonymAtlas *[sic]* hinterlegt. So wird beispielsweise Zuverlässigkeit auch als Akkuratesse, Pünktlichkeit, Verlässlichkeit beschrieben.

Welche Basis- und Teilkompetenzen für Fachberatung für Kindertageseinrichtungen relevant sind, soll im folgenden Teil dieser Arbeit beantwortet werden.

4. Kompetenzprofil der Fachberatung für Kindertageseinrichtungen

Es liegt nahe, aus dem Begriff Fach-Beratung zunächst zwei Kompetenzen abzuleiten: Fach-Kompetenz und Beratungs-Kompetenz. Bei dieser Aufteilung könnte ausführlich beleuchtet werden, welches Fachwissen oder welche Fachlichkeit im Bereich Kindertageseinrichtungen notwendig ist und wie Beratungsbeziehungen oder -prozesse zu gestalten sind. Beide Kompetenzstränge gelten nach Bamler o. J., o. S.) als gleichwertige und gleichberechtigte Fähigkeiten, die die Professionalität von Beratung bestimmen. Beide Kompetenzstränge finden sich als Teilkompetenzen im Kompetenzmodell von Heyse und Erpenbeck wieder. Da die Gesamtheit der Teilkompetenzen von Heyse und Erpenbeck (2009, S. XIV) regionale, branchen- und tätigkeitsspezifische Unterschiede berücksichtigt, eröffnet das die Möglichkeit, weitere Kompetenzen in den Blick zu nehmen, die zur Bewältigung der unter Kap. 2 genannten Aufgaben und Rahmenbedingungen erforderlich sind.

Gestützt werden die im Folgenden benannten Kompetenzen vornehmlich aus drei Literaturquellen[22], die sich bei einer breit angelegten Literaturrecherche zu Entwicklungen im Bereich der Fachberatung herauskristallisiert haben. Es handelt sich um eine wissenschaftliche Quelle, ein verbandsübergreifendes Empfehlungsschreiben und ein trägerspezifisches Arbeitspapier, die ausführliche Angaben zu notwendigen Kompetenzen von Fachberatung machen.

Bei der wissenschaftlichen Quelle handelt es sich um die Dissertation von Hense (2008) zur „Wirksamkeit der Fachberatung". Auf der Basis einer umfassenden Literaturanalyse[23], einem Vergleich von vier veröffentlichten empirischen Untersuchungen zur Fachberatung und einer empirischen Studie sind von Hense (ebd., S. 197 ff.) „Konturen zur konzeptionellen Weiterentwicklung von Fachberatung" gezeichnet worden. In diese Ergebnisse sind Antworten auf die Frage mit aufgenommen worden, durch welche Kompetenzen sich Fachberatung auszeichnen sollte.

22 Bei der Auswahl war wichtig, Literaturquellen aus der überschaubaren Anzahl an Literaturquellen zu wählen, die unabhängig voneinander, d.h. nicht gegenseitig zitiert worden sind.

23 Literaturanalyse von Beginn der 1970er-Jahre bis 2006 zum Thema Fachberatung für Kindertageseinrichtungen auf der Basis von 11 Kriterien, u.a. Aufgaben, Qualifikation und Ausbildung, Kompetenzen der Fachberatung.

Die verbandsübergreifenden „Empfehlungen zur konzeptionellen und strukturellen Ausgestaltung der Fachberatung im System der Kindertagesbetreuung" des Deutschen Vereins (NDV 12/2012, S. 562–571) werden in Fachkreisen als state of the arts bezeichnet. Die dort (ebd., S. 569) aufgeführten Kompetenzmerkmale seien als eine erste Grundlage für die Entwicklung von Kompetenzprofilen für Fachberatungen anzusehen.

Das trägerspezifische Arbeitspapier von Gerlach-Keuthmann (2009) ist in der Veröffentlichung der Evangelischen Kirche im Rheinland (EKiR), des Diakonischen Werkes der EKiR e.V. und des Rheinischen Verbandes Evangelischer Tageseinrichtungen für Kinder e.V. zum „Integrierten Bildungssystem Evangelischer Kindertageseinrichtungen" (IBEK) zu finden. Es zählt grundlegende Kompetenzen für das Handlungsfeld der Fachberatung für evangelische Kindertageseinrichtungen auf.

Aus der Auswertung der drei Literaturquellen lassen sich folgende Kompetenzen in der Systematik des Kompetenzatlas für die Fachberatung für Kindertageseinrichtungen benennen.

4.1 Fach- und Methodenkompetenz

Aus dem Aufgabenprofil und den Rahmenbedingungen ergeben sich zur Fach- und Methodenkompetenz[24] vier Teilkompetenzen für die Fachberatung für Kindertageseinrichtungen: Fachwissen, Beurteilungsvermögen, fachübergreifende Kenntnisse und Organisationsfähigkeit.

4.1.1 Fachwissen

Ein fundiertes Fachwissen, vor allem rechtliche und fachliche Kenntnisse im Bereich der Früh- und Elementarpädagogik[25] sind für eine Fachberatung unabdingbar und zeichnen sie als Expertin im Bereich der Kindertageseinrichtungen aus. Neben der von Gerlach-Keuthmann (ebd., S. 98) aufgeführten Kompetenz der **Umsetzung gesetzlicher Grundlagen** müssen nach Meinung des Deutschen Vereins (NDV 12/2012, S. 569) Fachberatungen über ein umfassendes sozialpädagogisches Wissen und allgemeines pädagogisches und (entwicklungs-)psycho-

24 Auch wenn die Fach- und Methodenkompetenz als viertes Quadrat im Kompetenzatlas gezeichnet wird, soll mit dem bei der Fachberatung naheliegenden Kompetenzstrang begonnen werden.

25 Zum Elementarbereich wird die institutionelle Betreuung von Kindern ab drei Jahren bis zum Schuleintritt gezählt; bei dem frühpädagogischen Bereich werden die Kleinkinder in den Blick genommen.

logisches Fachwissen verfügen. Sie benötigten Fachwissen zur frühkindlichen Sozialisation, zur Familien- und Bildungsforschung, zum Kinder- und Jugendhilferecht sowie – je nach Arbeitsauftrag – spezialisiertes Fachwissen. Dies gilt z.B. hinsichtlich der Arbeit mit Kindern unter drei Jahren, Bildungs- und Erziehungspartnerschaft mit den Familien, der Arbeit mit Kindern mit besonderen Entwicklungs- und Förderbedarfen, der Sprachförderung und hinsichtlich der Umsetzung inklusiver Bildungskonzepte. Nur so können sie Träger und Leitung bei der **Konzeptionsentwicklung** kompetent unterstützen.

Zudem sollten sie über Wissen im Hinblick auf die internationalen Entwicklungen im Bereich der frühkindlichen Bildung, Betreuung und Erziehung verfügen. Gerlach-Keuthmann (ebd.) führt in ihrer Aufzählung die Rezeption fachwissenschaftlicher Diskurse und die Kompetenz in Genderfragen auf. Hense (2008, S. 199) nutzt den Begriff der Feldkompetenz, durch die sich Fachberatung auszeichnen sollte.

Allein der Besitz von Fachwissen reicht jedoch nicht aus, um von Kompetenz sprechen zu können. Erst der Umgang mit dem Wissen zeigt die wahre Handlungsfähigkeit einer Fachberatung. Sie muss ihr Wissen stets aktualisieren und miteinander verknüpfen. Vor allem muss Wissen zielgruppenspezifisch aufgearbeitet und an Träger und Leitung weitergegeben werden, damit diese wiederum kompetent in ihren Handlungsfeldern agieren können.

Da Handlungsfähigkeiten durch Fachwissen lediglich fundiert und erst durch Erfahrungen konsolidiert werden, zählt auch Berufserfahrung zum Fachwissen. Hense und der Deutsche Verein arbeiten diese wesentliche Kompetenz heraus. Der Deutsche Verein (NDV 12/2012, S. 570) spricht von einer mehrjährigen einschlägigen Berufspraxis, möglichst auf Leitungsebene und Hense (2008, S. 200) von praktischen Qualitäten im Feld der Elementarpädagogik. Hense (ebd.) begründet dieses Erfordernis damit, dass Fachberatung besser in der Lage sei, nicht nur vorzudenken, sondern auch vorzumachen und damit als Modell fungieren zu können („praktisch ausgewiesene Expertin"), wenn sie aus eigener Erfahrung die Problemlagen kenne, die sich den Erzieherinnen im pädagogischen Alltag stellen.

4.1.2 Beurteilungsvermögen

Fachberatung benötigt die Fähigkeit, aus dem großen Spektrum an Informationen, Entwicklungen, Meinungen, Situationen usw. Wesentliches zu filtern, zu relativieren und zu objektivieren. Nach Auffassung des Deutschen Vereins (NDV

12/2012, S. 569) müssen Fachberatungen in der Lage sein, aus den Aufgaben und Entwicklungen von Kindertageseinrichtungen Schlüsse für die Strukturgestaltung und für die Handlungsweisen in Kindertageseinrichtungen ziehen zu können.

Besondere Brisanz ergibt sich, wenn sich in der Praxis durch Widersprüchlichkeiten von rechtsverbindlichen Grundlagen Probleme ergeben. So dürfen beispielsweise in NRW in einer Gruppe mit insgesamt 20 Kindern im Alter von zwei Jahren bis zum Schuleintritt mindestens vier und maximal sechs Zweijährige betreut werden (KiBiz, 2008, S. 20). Mit einem Rundschreiben des Landschaftsverbandes Rheinland (Lensing-Peters, 2013, o. S.) wurde allerdings mitgeteilt, dass alle Plätze, die investiv gefördert worden sind, auch mit unter Dreijährigen belegt werden müssen. Wenn in einer Gruppe allerdings zwei Jahre lang nur vier Kinder eingeschult werden und gleichzeitig je sechs Zweijährige aufgenommen werden müssen, ergibt sich daraus eine Überbelegung in der Gruppe, die nicht mit dem gesetzlich verankerten Spielraum auszugleichen ist.

Gerlach-Keuthmann (2009, S. 99) nimmt, da sie sich zu dem Bereich evangelischer Einrichtungen äußert, die Urteilsfindung in der diakonischen Arbeit hinzu. Zudem spricht sie (ebd., S. 98) von Evaluationskompetenz. Da Evaluation lt. Duden (2007, S. 295) die pädagogische Beurteilung, z.B. von Lehrplänen, meint, kann diese nach Auffassung der Autorin als Synonym zu den von Heyse und Erpenbeck (2007, S. 30) gewählten Synonymen Erfahrung, Urteilskraft, Urteilsfähigkeit hinzugefügt werden.

Hense (2008, S. 201) geht einen Schritt weiter und bezieht die Evaluationskompetenz auf die Fachberatung selbst. Fachberatung solle sich durch Selbstevaluation auszeichnen, d.h. sie müsse ihr Leistungsangebot als Grundlage für ihre eigene Weiterentwicklung evaluieren. Sie (ebd.) begründet das damit, dass sich Fachberatung im Rahmen der Qualitätsentwicklung den gleichen Anforderungen stellen solle, wie die Adressat/innen. Sie solle ebenfalls nach Qualitätsstandards arbeiten und auf der Grundlage einer schriftlich fixierten Konzeption regelmäßig Feedback zu ihrem Leistungsangebot einholen.

4.1.3 Fachübergreifende Kenntnisse

Betrifft der Aufgabenschwerpunkt der Fachberatung die Konzeptions- und Qualitätsentwicklung, so liegt der Fokus der fachspezifischen Kenntnisse auf der pädagogischen Arbeit. Nimmt man die anderen Aufgabenfelder, wie z.B. **Finanzmanagement und Bauwesen** hinzu, so ist in diesen Bereichen ebenfalls fachspezifisches, aber aus Perspektive der Pädagogik auch fachübergreifendes Wissen notwendig.

Der Deutsche Verein (NDV 12/2012, S. 569) benennt zudem Kenntnisse über die Bedeutung sozialräumlicher Bedingungen für das Handeln in Kindertageseinrichtungen und Kenntnisse über Kindertagespflege als zweite Angebotsform. Fachberatungen benötigen zudem Grundkenntnisse zur Dynamik von Organisationen (ebd., S. 570) und Kenntnisse zum Management von Einrichtungen, u.a. Fragen der Betriebsorganisation, der Personalführung, des Marketings, der wirtschaftlichen Betriebsführung, der Verwaltung (ebd., S. 569). Ferner bräuchten sie politisches Verständnis (ebd., S. 570). Gerlach-Keuthmann (2009, S. 98) spricht von der Verknüpfung von Fachlichkeit und Wirtschaftlichkeit. Für die religionspädagogische Arbeit in den Kindertageseinrichtungen und dem entsprechenden Diskurs mit Trägern und Leitungen sei auch Glaubenswissen erforderlich (ebd., S. 99).

In keiner der drei Hauptliteraturquellen wird auf Kenntnisse über Beratungsansätze, -konzepte und -methoden sowie Kommunikationsgestaltung eingegangen. Nimmt man die Performanzrichtung in der Fachberatung ernst, so muss sich das Arbeitsfeld nicht nur durch die Weitergabe von fachspezifischem und -übergreifendem Wissen, sondern auch über ein Wissen über Beratungstheorien und berufsethischer Prinzipien auszeichnen. Leider fehlt es nach Friesinger (2008, S. 23) an einer anwendungsbezogenen Beratungstheorie.

4.1.4 Organisationsfähigkeit

Schaut man auf die Komplexität an Aufgaben der Fachberatung, die zum Teil hohe Anzahl an Einrichtungen in ihrem Zuständigkeitsbereich und ihre räumliche Entfernung oder die Vielzahl an Kooperationspartnern und Gremien, verlangt das von Fachberatung, sich gut organisieren zu können. Der Deutsche Verein (NDV 12/2012, S. 570) beschreibt, dass die Tätigkeit der Fachberatung eine enorme inhaltliche wie organisatorische Flexibilität erfordere. Fachberatungen müssten ihren Arbeitsbereich eigenständig organisieren, terminieren und inhaltlich wie organisatorisch auf die vor Ort bestehenden **Rahmenbedingungen** abstimmen können.

Gerlach-Keuthmann (2009, S. 98) nutzt den Begriff des Zeitmanagements. Als organisationsbezogene Kompetenz nimmt sie die Einschätzung eigener und fremder Ressourcen hinzu. Fachliche Ressourcen können beispielsweise in zuarbeitenden Verwaltungskräften oder studentischen Hilfskräften liegen, zeitliche Ressourcen in der Zurverfügungstellung von Dienstwagen, Handy oder Laptop.

4.2 Personale Kompetenz

Mitarbeitendenförderung[26], ganzheitliches Denken, normativ-ethische Einstellung und Selbstmanagement sind als personale Kompetenzen der Fachberatung für Kindertageseinrichtungen von hoher Bedeutung.

4.2.1 Mitarbeitendenförderung

Um Träger und Leitung in ihrem Handlungsfeld der **Personalentwicklung** zu unterstützen, bedarf es auf Seiten der Fachberatung entsprechender Kompetenzen.

Der Deutsche Verein (NDV 12/2012, S. 566) geht auf die Förderung der Entwicklungspotenziale der Mitarbeitenden ein. Dazu müsse die Fachberatung die in einer Einrichtung vorhandenen Kompetenzen der Mitarbeitenden einschätzen können, die für die Bewältigung der pädagogischen und organisatorischen Aufgaben erforderlich seien. Fachberatung könnte nach Auffassung der Autorin so auch Leitungskräfte erkennen, die die Potenziale oder die Kompetenzen für die Fachberatungsfunktion haben.

Neben der am Individuum angesetzten Mitarbeitendenförderung, kann diese auch für ganze Mitarbeitendengruppen gesehen werden. Innerhalb des Integrierten Bildungssystems Evangelischer Kindertageseinrichtungen (IBEK) haben beispielsweise Fachberater/innen ihre Kompetenzen genutzt, um ein strategisches Instrument zur Fachkräftegewinnung zu installieren. Sie haben ein landeskirchenweit gültiges Curriculum für Ergänzungskräfte entwickelt.

Hense (2008, S. 200) nimmt neben Praxisnähe als Fachberatungskompetenz noch einen weiteren Aspekt hinzu: Fachberatung vertrete die Interessen der Erzieher/innen „nach oben“. Damit kann nach Auslegung der Autorin der Transfer an all diejenigen gemeint sein, die Verantwortung für die Gestaltung von Rahmen- und Arbeitsbedingungen zur Mitarbeitendenförderung haben: Leitung, Träger, (Landes-)Jugendamt, Spitzenverband, Landespolitik u.a.

26 Der von Heyse und Erpenbeck verwendete Begriff der Mitarbeiterförderung wird in dieser Arbeit gegendert.

4.2.2 Ganzheitliches Denken

Als Synonyme für ganzheitliches Denken werden von Heyse und Erpenbeck (2007, S. 28) auch integratives Denken, umfassendes Denken, komplexes Denken benannt.

Nach Auffassung des Deutschen Vereins (NDV 12/2012, S. 566) muss Ziel der Fachberatung sein, sich nicht nur auf die individuelle Unterstützung und professionelle Weiterentwicklung der in den Einrichtungen Tätigen auszurichten, sondern sich zudem auf die **Weiterentwicklung der Organisation** Kindertageseinrichtung als Ganzes zu beziehen. Auch müssten sie in der Lage sein, Aufgaben und Entwicklungen von Kindertageseinrichtungen in den Zusammenhang des Gesamtsystems der Kinder- und Jugendhilfe einzuordnen (ebd., S. 569). Gerlach-Keuthmann (2009, S. 98) spricht von systemischem Denken. Damit unterstützt sie den Gedanken, eine Kindertageseinrichtung als komplexes System zu begreifen, in dem kein einfaches Ursache-Wirkungs-Denken maßgebend sein kann.

Friesinger (2008, S. 30) macht deutlich, dass das Systemwissen zu vertiefen sei, um die „Steuerungslogik der Trägersysteme zu durchschauen, zu reflektieren und zu vermitteln und um Strukturfehler aufzudecken und evtl. zu beheben". So könnte beispielsweise eine Fachberatung für evangelische Kindertageseinrichtungen auf der fachlichen Ebene mit Leitungen von Familienzentren eine Aufgabenbeschreibung entwickeln und sie auf der politischen und arbeitsrechtlichen Ebene für die Veränderung der entsprechenden Rahmenbedingungen unterstützen.

4.2.3 Normativ-ethische Einstellung

Die Entwicklung von Haltung wird von Gerlach-Keuthmann (2009, S. 98 f.) als selbstverständlich formuliert und sie versteht unter Wertekompetenz ethische Grundsätze sowie die Auseinandersetzung mit dem christlichen Glauben und die Orientierung an einem christlichen Menschenbild.

Anstand, Werteorientierung und Verantwortungsbewusstsein stehen als Synonyme hinter der normativ-ethischen Einstellung. Diese auch von Heyse und Erpenbeck (2007, S. 28) benannten Kompetenzen von Fachberatung sind demnach nicht nur für evangelische Kindertageseinrichtungen von Bedeutung. Werte geben einerseits Kindern Orientierung und Halt in einer komplexer werdenden Welt. Gleiches gilt aber auch für Verantwortungsträger und die Fachberatung selbst.

Hense (2008, S. 199) nennt im Zusammenhang mit Beratungsfähigkeit eine wertschätzende Grundhaltung von Fachberatung. Für den Deutschen Verein (NDV 12/2012, S. 570), der für alle Fachberatungen ungeachtet ihrer Trägerzugehörigkeit spricht, ist eine professionelle Haltung Grundlage für eine gute Realisierung der umfangreichen Beratungsaufgaben. Sie sei sowohl von Toleranz und Empathie als auch von einem angemessenen Verständnis zu den Möglichkeiten und zur Reichweite der Steuerung durch Beratung geprägt.

Ein Beispiel für eine Grundhaltung liegt in dem vom Deutschen Verein (NDV 12/2012, S. 569) benannten zeitgemäßen Bildungsverständnis. Bedenkt man die in dieser Arbeit aufgezeigten Richtungen der Kompetenzforschung, so reichen sie in die Auseinandersetzung mit dem Bildungsverständnis im frühkindlichen und elementaren Bildungsbereich hinein. In den gemeinsam vom Familien- und Schulministerium[27] (MFKJKS und MSW, 2011, S. 5) herausgegebenen Bildungsgrundsätzen NRW wird Bildung als Selbstbildungsprozess beschrieben, was der Performanzrichtung entspricht:

> „Kinder sind von Anfang an mit Kompetenzen ausgestattet, die es ihnen ermöglichen, sich zunehmend in der Welt zurechtzufinden. Bereits von den ersten Lebensmonaten an möchten sie aktiv an den Vorgängen in ihrer Umwelt teilnehmen und ihre Entwicklung und ihr Lernen mit gestalten. Im Laufe ihrer weiteren Entwicklung haben sie das Bedürfnis, sich als kompetent zu erleben, erproben im Umgang mit anderen Menschen soziales Miteinander, entdecken die Natur, lösen knifflige Aufgaben, fragen nach dem Sinn des Lebens und vieles mehr. [...] Sie setzen sich schon sehr früh mit der Komplexität der Welt auseinander. Sie entdecken und lernen aktiv und können so neue Erfahrungen auf der Grundlage bisheriger Erlebnisse einordnen und deuten. So kommen sie zu eigenen Einsichten, entwickeln eigene Konzepte des Verstehens und konstruieren Sinn."

Trotz Abstimmung der Bildungsgrundsätze durch die o.g. Landesministerien tritt das System Kindertageseinrichtung auf ein durch die internationale Schulleistungsstudie PISA (OECD, o. J., o. O.) geprägtes System, das eher auf Fähigkeiten und Kenntnisse (und damit auf die Kognitionsrichtung) zielt. Die Studie untersucht, inwieweit Schülerinnen und Schüler gegen Ende der Schulpflichtzeit die Kenntnisse und Fähigkeiten für eine volle Teilhabe an der Wissensgesellschaft erworben haben.

27 Ministerium für Familie, Kinder, Jugend, Kultur und Sport (MFKJKS) sowie Ministerium für Schule und Weiterbildung (MSW) des Landes NRW.

Veränderungen erfordern nach Heyse und Erpenbeck (2009, S. 9) oft eine Neuformulierung von persönlichen Leitbildern, Zielen und Strategien, und das setze eine selbstkritische Auseinandersetzung mit den eigenen aktivitätsfördernden und aktivitätshemmenden Einstellungen voraus. Daraus lässt sich für Fachberatung ableiten, dass sie stets gefordert ist, die in den Einrichtungen wahrnehmbaren normativ-ethischen Einstellungen zu thematisieren, genauso wie ihre eigenen zu betrachten. Nur durch ein vertiefendes, rückblickendes Nachdenken über das eigene Handeln im Zusammenhang mit eigenen biografischen Erfahrungen und Prägungen ist Veränderung und damit auch persönliche Weiterentwicklung möglich. Der Deutsche Verein (NDV 12/2012, S. 570) und Gerlach-Keuthmann (2009, S. 99) sprechen von der Fähigkeit der Fachberatung zur (Selbst-)Reflexion.

Die Entwicklung professioneller Haltungen bildet somit eine eigenständige Kompetenz der Fachberatung für Kindertageseinrichtungen, die zur Erfüllung der Gesamtheit an Aufgaben notwendig ist.

4.2.4 Selbstmanagement

Selbstmanagement muss als wichtige Kompetenz in das Kompetenzprofil aufgenommen werden, denn eine Fachberatung kann nicht nur andere, d.h. Leitung und Träger, unterstützen, sondern muss aufgrund ihrer Aufgaben und Rahmenbedingungen auch gut für sich selbst sorgen. Heyse und Erpenbeck (2007, S. 28) meinen mit Selbstmanagement auch Selbstsicherheit, -überwindung, -vertrauen, -sicherheit, -verantwortung.

Fachberatungen müssen nach Gerlach-Keuthmann (2009, S. 98) ihre Ich-Stärke entwickeln und ihre eigenen Ressourcen erkennen, wozu die Einschätzung der eigenen Grenzen und die Fähigkeit zur Abgrenzung gehören. Auch der Deutsche Verein (NDV 12/2012, S. 570) weist darauf hin, dass sich Fachberatungen vor Überforderung und stressbedingten Abwehrreaktionen schützen müsse.

4.3 Aktivitäts- und Handlungskompetenz

Aus dem Vergleich der drei Hauptliteraturquellen ergab sich nur eine Aktivitäts- und Handlungskompetenz: Impulsgeben. Impulsgeben wird als zentraler Aspekt in der Definition von Fachberatung benannt. Hense (2008, S. 201) bewertet das Setzen von innovativen Akzenten als eine besondere Stärke der Fachberatung. Mit Kenntnissen über bildungspolitische Trends, Informationen über wissenschaftliche Erkenntnisse und neue pädagogische Ansätze schaffe Fachberatung eine Grundlage für Innovationen. Damit stelle sie den Transfer insbesondere zwischen Wissenschaft und Praxis her. Auch setzt Hense (ebd., S. 199) das Impulsgeben in Zusammenhang mit der erforderlichen Praxisnähe von Fachberatung, die aktiv auf die Zielgruppe zugehe und nicht abwarte, bis die Adressat/innen sie anforderten.

Die Fähigkeit, Impulse zu geben, impliziert zu akzeptieren, dass diese angenommen werden können oder nicht. Eine Fachberatung ohne Durchgriffsrecht, d.h. ohne Dienst- und/oder Fachaufsicht, kann lediglich Handlungsanregungen, Denkanstöße und Ansporn geben. Die Entscheidung, ob den Impulsen im System der Kindertageseinrichtungen ein Sinn verliehen wird und sie angenommen werden, bleibt allerdings unter den o.g. Bedingungen eine Entscheidung der Verantwortungsträger.

4.4 Sozial-kommunikative Kompetenz

Als sozial-kommunikative Kompetenzen der Fachberatung für Kindertageseinrichtungen sind Beratungs-, Kommunikations- und Kooperationsfähigkeit erforderlich.

4.4.1 Beratungsfähigkeit

Im Kap. 4 wurde vermutet, dass die Ableitung der Kompetenzstränge Fachkompetenz und Beratungskompetenz aus der Berufsbezeichnung der Fachberatung selbstverständlich ist. Jedoch zeigt sich, dass dies bei der Aufzählung von Kompetenzen durchaus anders bewertet werden kann. Von Gerlach-Keuthmann beispielsweise wird die Beratungskompetenz nicht explizit benannt. Als Mitautorin des „QM-Handbuchs Evangelische Fachberatung" (Rheinischer Verband Evangelischer Tageseinrichtungen für Kinder e.V.; Arbeitskreis Fachberatung Tageseinrichtungen für Kinder im Diakonischen Werk der Evangelischen Kirche im Rheinland e. V., o.J., o.S.) steht sie allerdings für das dort formulierte Selbstverständnis von Beratung innerhalb der Fachberatung. Zu den aufgeführten Beratungsangeboten zählen u.a. pädagogische Beratung, Konzeptionsberatung, Strategieberatung, Beratung in Konfliktsituationen, Beratung zur Personalentwicklung, Beratung zu Strukturen und gesetzlichen Vorgaben oder Bauberatung. In Zielpyramiden werden für jeden Beratungsprozess Ziele, Maßnahmen und Indikatoren unter Berücksichtigung von Autonomie, Wirtschaftlichkeit, Partizipation, Kundenorientierung, gesellschaftlicher Verantwortung und Innovation aufgezeigt.

Nach Hense (2008, S. 199) sollte die Fachberatung über Beratungskompetenz verfügen, die sich in „Nettigkeit und Wertschätzung" gegenüber den Adressat/

innen ausweise. Fachberatung zeige Verständnis, sei authentisch in der Begegnung und biete partnerschaftliche Beratung aus der Nähe zu Erzieher/innen an.

Der Deutsche Verein (NDV 12/2012, S. 569) vertieft und differenziert die Beratungskompetenz im Hinblick auf organisations- wie auch personenbezogene Beratung. In beiden Fällen gehe es um prozessuale Kompetenzen. In ihrem Beratungshandeln müsse sich Fachberatung an der Wahrnehmung und Förderung der Ressourcen der zu beratenden Einrichtungen orientieren. Gemeinsam mit dem Träger und den Leitungspersonen müsse sie Handlungsperspektiven erarbeiten oder ggf. weitere sachgerechte Beratungsmöglichkeiten erschließen. „Der zu Beratende muss Subjekt seines eigenen Denkens, Fühlens und Handelns und als Ko-Produzent des Beratungsergebnisses betrachtet werden" (Friesinger, 2008, S. 24).

Aus Sicht der Autorin bedarf es grundsätzlich einer Konkretisierung des Beratungsverständnisses von Fachberatung sowie einer Abgrenzung zu anderen Beratungsformen, wie z.B. Supervision und Coaching.

4.4.2 Kommunikationsfähigkeit

Fachberatung für Kindertageseinrichtungen bewegt sich in einer Vielfalt von Kommunikationssituationen: neben beratenden Gesprächen mit Einzelpersonen oder Gruppen sowie telefonischer Beratung oder Beantwortung von Mailanfragen hat sie die Rolle der Moderation von zielgruppen- oder themenspezifischen Arbeitskreisen, Foren und Konferenzen. Da sind nach Gerlach-Keuthmann (2009, S. 98) kommunikative Kompetenzen gefragt. Gesprächsführung, Offenheit für Kommunikation, Kontaktfähigkeit sind die von Heyse und Erpenbeck (2007, S. 31) gewählten Synonyme für Kommunikationsfähigkeit. Hinzu kommt, dass nach Meinung des Deutschen Vereins (ebd., S. 570) Fachberatung nur dann wirksam sei, wenn sie eine systematisierte und zu bewältigende Kommunikationsstruktur mit Einrichtungen und Trägern aufbauen könne.

4.4.3 Kooperationsfähigkeit

Aufgrund der **Kooperation** mit einer Vielfalt an Gremien, Institutionen und Personen bedarf es einer Interaktionsfähigkeit und Partnerschaftlichkeit auf Seiten der Fachberatung. Gerlach-Keuthmann (2009, S. 98) spricht von Netzwerkkompetenz. Neben die Kooperation mit Anbieter/innen von Fort- und Weiterbildungen oder das kooperative Zusammenwirken mit dem Bereich der Kindertagespflege oder Grundschulen und anderen Institutionen gehört die Bereitschaft zur Kooperation mit anderen Fachberatungen: Informationen erhalten und weitergeben, Unterstützung anbieten und bekommen, Aufgabenschwerpunkte verteilen und ausgleichen. So ergibt sich ein Win-win-Effekt für die meist als Einzelkämpfer/innen tätigen Fachberatungen.

4.5 Ergänzung und Auswertung des Kompetenzprofils

Kompetenzen, die zwar im Kompetenzatlas von Heyse und Erpenbeck, aber nicht in der fachberatungsspezifischen Literatur als Fachberatungskompetenzen benannt worden sind, müssen nicht per se als Fachberatungskompetenz ausgeschlossen werden, sondern können durchaus in das Kompetenzprofil aufgenommen werden.

Was wäre eine Fachberatung ohne **Lernbereitschaft**, denn Wissen muss stets aktualisiert und Kompetenzen müssen weiter entwickelt werden. Ohne **Glaubwürdigkeit** würden Informationen nicht angenommen oder Vertrauen in der Beratungsbeziehung entwickelt werden können. **Optimismus** ist gerade in unsicheren Zeiten besonders hilfreich und **Humor** bringt die bereichernde Freude an der Arbeit und ist zugleich Ausdruck derselben.

Aus der Zusammenschau aller genannten Kompetenzen ergibt sich folgende grafische Darstellung des Kompetenzprofils von Fachberatung für Kindertageseinrichtungen. Dabei sind die unter 4.1. bis 4.4. herausgearbeiteten Kompetenzen in schwarz und die unter 4.5. ergänzten Kompetenzen in grau markiert.

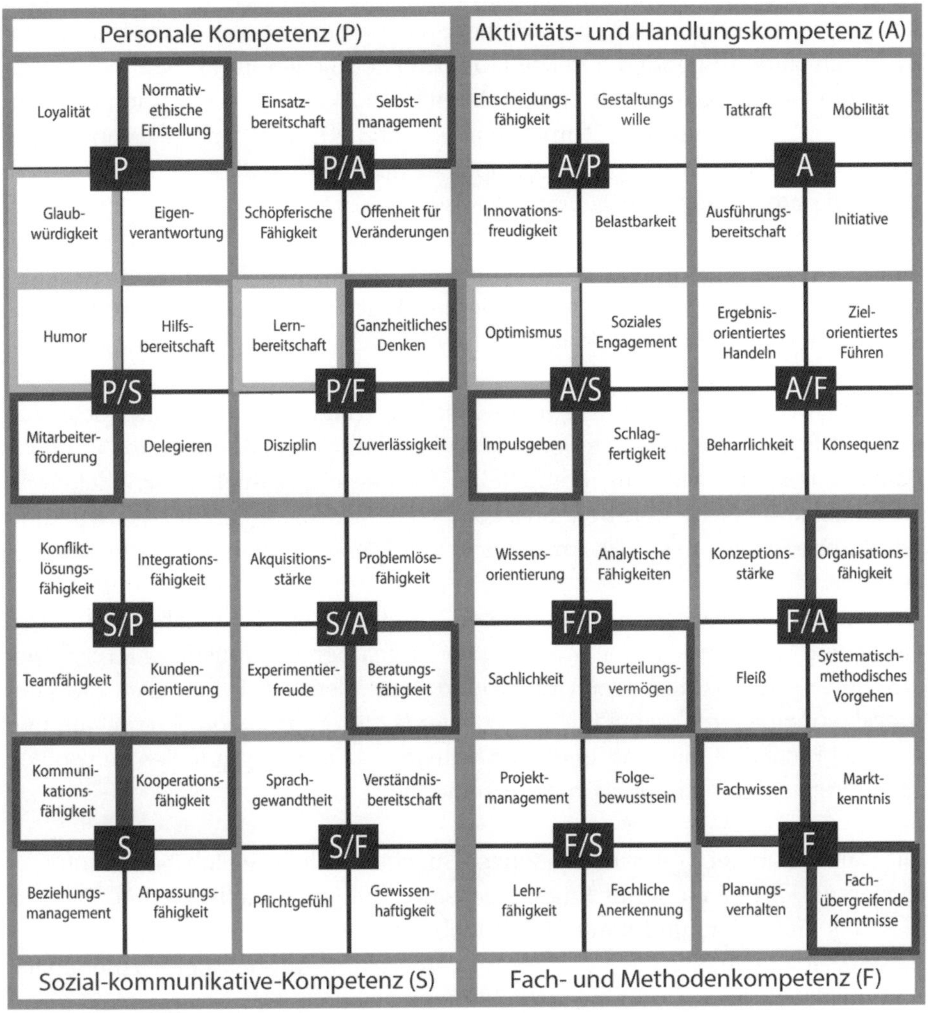

Abb. Nr. 3 Kompetenzprofil Fachberatung für Kindertageseinrichtungen nach Beitzel in Anlehnung an KompetenzAtlas von Heyse und Erpenbeck (Volker Heyse/John Erpenbeck: Kompetenztraining. Informations- und Trainingsprogramme. 2. Auflage, S. 13. © 2009 Schäffer-Poeschel Verlag für Wirtschaft, Steuern und Recht GmbH Stuttgart)

Das Kompetenzprofil der Fachberatung für Kindertageseinrichtungen wird durch zwölf Teilkompetenzen geprägt. Mit den vier ergänzten Teilkompetenzen erhöht sich die Zahl auf sechzehn.

Schaut man sich die zwölf an, zählen je vier Teilkompetenzen zur personalen Kompetenz sowie zur Fach- und Methodenkompetenz und sind damit quantitativ gleich stark ausgeprägt. Drei Teilkompetenzen liegen im Bereich der sozialkommunikativen Kompetenz und im Bereich der Aktivitäts- und Handlungskompetenz eine Teilkompetenz. Nimmt man die drei zusätzlichen Teilkompetenzen hinzu, erhöht sich die personale Kompetenz auf sieben Teilkompetenzen und ist damit die am stärksten ausgeprägte Basiskompetenz. Die Aktivitäts- und Handlungskompetenz wird um eine Teilkompetenz auf zwei erweitert und bleibt die am geringsten ausgeprägte Basiskompetenz. Bei beiden Ergebnissen liegt der größte Schwerpunkt auf personaler Kompetenz sowie Fach- und Methodenkompetenz und der kleinste Schwerpunkt auf Aktivitäts- und Handlungskompetenz.

Diese Schwerpunktverlagerung relativiert sich, wenn man die Teilkompetenzen in den Blick nimmt, die Anteile anderer Basiskompetenzen innehaben. Selbstmanagement als personale Kompetenz, Organisationsfähigkeit als Fach- und Methodenkompetenz und Beratungskompetenz als sozial-kommunikative Kompetenz haben beispielsweise Anteile von Aktivitäts- und Handlungskompetenz.

Die Anzahl von sechzehn Teilkompetenzen entspricht der Anzahl an den von Heyse und Erpenbeck (2009, S. 545 ff.) herausgearbeiteten Teilkompetenzen speziell für Führungskräfte. Der Unterschied liegt allerdings darin, dass die Führungskompetenzen gleichmäßig auf die vier Basiskompetenzen verteilt sind und sich für Fachberatung eine deutliche Schwerpunktsetzung auf der personalen sowie Fach- und Methodenkompetenzen ergibt.

Die Anzahl an sechzehn Kompetenzen macht deutlich, welch hohe Anforderungen an Fachberatung für Kindertageseinrichtungen gestellt werden. Da liegt die Frage nahe, wie und durch wen Fachberatung unterstützt werden kann, um diese breit angelegten Kompetenzen in Vorbereitung auf den Beruf zu erlangen bzw. begleitend zur Ausübung ihrer Berufes zu stärken. Das in dieser Arbeit entwickelte Kompetenzprofil kann dabei einige Anstöße für die Diskussion und Entwicklung entsprechender Maßnahmen geben.

5. Anstöße zur Etablierung kompetenzstärkender Maßnahmen

Mit kompetenzstärkenden Maßnahmen sind all die Maßnahmen gemeint, die unternommen werden, um Fachberatungskompetenzen zu sichern und weiterzuentwickeln. Im Sinne von Heyse und Erpenbeck wird dabei die Inklusionsbeziehung berücksichtigt, nach der eine enge Verknüpfung von Maßnahmen zur Erweiterung des Wissens, zur Erlangung von formalen Qualifikationen und zur Stärkung der Selbstorganisationsfähigkeiten erfolgt.

Nach einem kurzen Rückblick werden mehrere Verantwortungsebenen zur Etablierung kompetenzstärkender Maßnahmen angesprochen: Politik, Wissenschaft, Anstellungsträger und Fachberatung selbst.

5.1 Ein Blick zurück

Schon 1997 spricht sich die Arbeitsgemeinschaft für Kinder- und Jugendhilfe (AGJ, S. 4)[28] dafür aus, dass unter Berücksichtigung der Pluralität der Trägerstrukturen, der Tradition und der regionalen Erfordernisse durch die jeweiligen Auftraggeber eindeutige und transparente Kompetenzbeschreibungen und eine Eingrenzung von Aufgabenschwerpunkten notwendig seien. Durch spezifische Fort- und Weiterbildungsangebote sei eine kontinuierliche Kompetenzerweiterung der Fachberatung zu gewährleisten. Ein paar Jahre später werden die Empfehlungen der Bundesarbeitsgemeinschaft der Landesjugendämter (BAGLJÄ, ebd., S. 8) mit der Forderung nach einer steten Qualifizierung herausgegeben. Es seien ausreichend Möglichkeiten zur Fortbildung und Beratung der Fachberatung notwendig, da sich Fachberatung selbst an den gesellschaftlichen Veränderungen und an den sich wandelnden Bedingungen und dem Erkenntnisstand im Arbeitsfeld der Kindertageseinrichtung orientieren müsse. Die explizite Forderung nach transparenten Kompetenzbeschreibungen wird in dieser Stellungnahme allerdings nicht übernommen. So werden heute nach wie vor Bedarfe und Empfehlungen formuliert, wenn es beispielsweise heißt, dass Fachberatungen als Mittler/innen zwischen Praxis, Politik und Wissenschaft eine Qualifikation benötigten, die es ihnen ermögliche, die Komplexität ihrer Aufgaben zu bewältigen und den Transfer zwischen allen Bereichen sicherzustellen (Deutscher Verein, NDV, 12/2012).

---

28 Die AGJ ist ein Netzwerk bundeszentraler Zusammenschlüsse, Organisationen und Institutionen der freien und öffentlichen Jugendhilfe in Deutschland. Sie sieht ihren zentralen Auftrag darin, die organisatorischen und fachlichen Strukturen der Kinder- und Jugendhilfe auf der Bundesebene zu bündeln.

Doch trotz wiederholter Empfehlungen sind im System der Früh- und Elementarpädagogik bisher keine fachberatungsspezifischen Aus-, Fort- und Weiterbildungsmaßnahmen strukturell verankert worden. Es gibt einzelne Ansätze, wie z.B. ein Projekt der Bundesvereinigung der kommunalen Spitzenverbände nach der Wiedervereinigung Deutschlands[29] oder eine Seminarreihe von der Bundesvereinigung Evangelischer Kindertageseinrichtungen zur Jahrtausendwende.[30] Ein ganz junges Landesprojekt[31] startete im Jahre 2013 in Schleswig-Holstein.

Seit ein paar Jahren lädt der Deutsche Verein länder- und trägerübergreifend alle Fachberatungen zu einem Forum ein. Auf kommunalen und trägerinternen Ebenen schließen sich Fachberatungen zusammen, bei denen der Austausch von aktuellen Informationen, die Diskussion zu aktuellen Themen und die gegenseitige Unterstützung im Vordergrund stehen. Auf dem Erfahrungshintergrund der Autorin fehlt allerdings ein Diskurs zum Beratungsverständnis oder das Engagement für den Fortbestand und die Qualifizierung des eigenen Berufsstandes. Vor diesem Hintergrund soll im folgenden Abschnitt der Blick nach vorn gerichtet werden.

5.2 Der Blick nach vorn

Damit die Kompetenzstärkung nicht weiterhin der Beliebigkeit unterliegt, werden im Folgenden mehrere Verantwortungsebenen angesprochen, das Kompetenzprofil der Fachberatung in den Blick zu nehmen und daraufhin kompetenzstärkende Maßnahmen zu etablieren.

5.2.1 Trägerinterne Personalentwicklung

Die Verantwortung für die Personalentwicklung, in diesem Fall die Bildung und Förderung von Fachberatung, obliegt dem Anstellungsträger. Er hat die Aufgabe, neue Fachberatungen zu gewinnen, einzuarbeiten und im Laufe ihrer Tätigkeit zu unterstützen. Doch den Fachberatungen steht, so Tietze u.a. (2008, S. 153 f.), Unterstützung durch den Träger nur eingeschränkt zur Verfügung.

29 „Multiplikatoren-Fortbildung Tageseinrichtungen für Kinder", von den in der Bundesarbeitsgemeinschaft der Freien Wohlfahrtspflege und der Bundesvereinigung der kommunalen Spitzenverbände zusammengeschlossenen Verbände, 1992–96 in den neuen Bundesländern durchgeführt.

30 „Qualifizierung von FachberaterInnen für Tageseinrichtungen für Kinder" von der Bundesvereinigung Evangelischer Kindertageseinrichtungen und der Diakonischen Akademie Deutschland, Berlin, letztmalig 2002 durchgeführt.

31 „Zusatzqualifikation Pädagogische Fachberatung für Kindertageseinrichtungen in Schleswig-Holstein", Fachhochschule Kiel.

Die Anstellungsträger sind herausgefordert, neben der Stärkung der Fachkompetenz auch bzw. insbesondere die Handlungskompetenz von Fachberatung in den Blick zu nehmen. Heyse und Erpenbeck (2009, S. XX) sprechen von integrierter Dualität der Maßnahmen, wenn sowohl die Kognitionsrichtung als auch Performanzrichtung Berücksichtigung finden. Wissensvermittelnde Maßnahmen für Fachberatungen sind beispielsweise Vorträge und Informationsveranstaltungen zu neuen gesetzlichen Regelungen oder Schulungen zu kindertageseinrichtungsspezifischen Verwaltungsprogrammen. Kompetenzorientierte Maßnahmen sind neben kompetenzbasierten Fort- und Weiterbildungsmaßnahmen auch kollegiale Beratung, Supervision, Coaching oder Mentoring. Des Weiteren tragen jährliche Mitarbeitendengespräche zur Reflexion und Weiterentwicklung beruflichen Handelns bei. Eine besondere Form, die durch den Kompetenzatlas von Heyse und Erpenbeck (2009, S. XXXIII f.) aufgezeigt wird, sind die „Modularen Informations- und Trainingsprogramme (MIT)", die im Kap. 5.4. näher erläutert werden.

Aufgrund der Aufgabenvielfalt von Fachberatung und der großen Herausforderung, viele Kompetenzen in einer Person zu gewährleisten, könnte vom Anstellungsträger statt bzw. neben dem Regionalitäts- auch das Funktionalitätsprinzip für Fachberatung in den Blick genommen werden. Das Sächsische Landesamt für Familie und Soziales/Landesjugendamt (1996, S. 6) bietet ein Beispiel für eine Gliederung in drei Schwerpunkte an:

- die Beratung und Fortbildung im pädagogisch-konzeptionellen Bereich,
- die Beratung im personalen Bezugssystem, d.h. im Bereich der Befindlichkeit der beteiligten Personen als einzelne und in ihren Beziehungen zueinander und nach außen sowie
- die Beratung im organisatorisch-strukturellen Bereich.

So könnten beispielsweise trägerspezifische oder -übergreifende Kompetenzzentren mit hoher Vernetzung entstehen, und die Abhängigkeit einer Kindertageseinrichtung von der Kompetenz einer einzelnen Fachberatung würde damit relativiert werden.

5.2.2 Fachpolitische Präzisierung

Doch bei der Verwirklichung all dieser Maßnahmen stößt ein Anstellungsträger schnell an seine Grenzen. Die Gründe dafür liegen in der unzureichenden fachpolitischen Präzisierung des Arbeitsfeldes.

Wie unter Kap. 2.1. aufgezeigt, ist der Auftrag von Fachberatung für Kindertageseinrichtungen nur allgemein, hingegen der Rechtsanspruch auf Fachberatung für Kindertagespflege verbindlich geregelt. Wenn Fachberatung in Zukunft als qualitätsunterstützendes Instrument für Kindertageseinrichtungen in seiner Transferfunktion gestärkt werden soll, dann ist Politik herausgefordert, entsprechende Voraussetzungen für kompetenzstärkende Maßnahmen zu schaffen. Diese liegen neben der Präzisierung des gesetzlichen Auftrages und der Ausgestaltung verbindlicher Rahmenbedingungen auch in der Förderung des Dialogs zwischen Politik und Praxis.

Zu den Rahmenbedingungen zählt neben einer auskömmlichen Finanzierung von Fachberatung vor allem die Optimierung der Anzahl an Kindertageseinrichtungen im Zuständigkeitsbereich einer Fachberatung. Das Sächsische Landesjugendamt (ebd., S. 10) empfiehlt, dass eine Fachberatung nicht mehr als 20 bis 25 Kindertageseinrichtungen berät. Schäfer (2005, S. 207), dem sich der Deutsche Paritätische Wohlfahrtsverband (2010, S. 8) anschließt, empfiehlt eine Fachberatung für nicht mehr als 60 pädagogische Fachkräfte. Nur bei entsprechend zeitlichen Kapazitäten und finanziellen Ressourcen ist es überhaupt möglich, dass sich Fachberatung der eigenen Qualifizierung widmen kann. Durch einen optimierten Berechnungsschlüssel und die damit einhergehende Vervielfachung der Anzahl an Fachberatungen würde es auch für Weiterbildungsanbieter reizvoller und rentabler sein, Weiterbildungsmaßnahmen für Fachberatung anzubieten.

Auf der Basis eines gesetzlich verankerten Mandats der Fachberatung für Kindertageseinrichtungen, erhält auch die Transferfunktion stärkeres Gewicht. In den 1970er-Jahren wurde ein Transfer bzw. ein Dialog zwischen Politik und Praxis in NRW sichergestellt, in dem das Ministerium für Arbeit, Gesundheit und Soziales (MAGS) zweimal im Jahr alle Fachberatungen aus Nordrhein-Westfalen zu einer Arbeitstagung einlud. In der Wiederbelebung eines solchen Dialoges zwischen Fachberatungen und den für die Kindertageseinrichtungen – und auch den Schulen – zuständigen Ministerien könnten Fragen zum Bildungs- bzw. Kompetenzverständnis, insbesondere zur Bedeutung der Performanzrichtung, erörtert werden.

> „Will man die zukunftsentscheidenden Fähigkeiten des Menschen charakterisieren, selbstorganisiert und kreativ in einer zunehmend komplexen, immer weniger eng-kognitiv beherrschbaren Welt erfolgreich zu handeln – und will man diese Fähigkeit gezielt weiter entwickeln – kann man sich wohl nur für die Performanzrichtung entscheiden." (Heyse und Erpenbeck, 2009, S. XX)

Zur Zeit fördert das Bundesministerium für Bildung und Forschung eine Studie[32] zur Rolle von Fachberatung im System der Entwicklung von Qualität in der frühen Bildung. Auf der Grundlage der gewonnenen Ergebnisse ist beabsichtigt, Anforderungen an die Qualifizierung von Fachberatung modular zu konkretisieren. Somit ist auch Wissenschaft in doppelter Hinsicht herausgefordert.

5.2.3 Wissenschaftliche Weiterentwicklung

Wissenschaft ist zum einen herausgefordert, sich des Forschungsgegenstands Fachberatung und zum anderen der Qualifizierung von Fachberatung anzunehmen. Der Deutsche Verein (NDV, 12/2012, S. 570) schlägt angesichts der vielfältigen Wissens- und Kompetenzanforderungen, die mit der Tätigkeit von Fachberatung einhergehen, perspektivisch eine einschlägige hochschulische Ausbildung vor. Grigat (2012, S. 10 f.) hat mit ihrer Masterarbeit ein „Rahmencurriculum für ein Bachelor-Studium zum Fachberater/zur Fachberaterin in Kindertageseinrichtungen" vorgelegt. Dieses greift alle unter Kap. 2.3. benannten Aufgaben von Fachberatung auf. Ergänzend werden die Aufgaben Team- und Projektentwicklung, aktive Beteiligung am wissenschaftlichen Diskurs und Umsetzung der Bildungspläne und -konzeptionen hinzugefügt. Die daraus abgeleiteten Module sind allerdings weniger kompetenz- als eher wissensorientiert formuliert und zielen auf die Funktion der Fachberatung im Wissens- und Qualitätsmanagement (ebd., S. 9).

Bei der Entwicklung von fachberatungsspezifischen, differenzierten Ausbildungs- und Qualifizierungsmodulen für die (Fach-)Hochschulen und in die Studiengänge/-inhalte sind nach dem Dafürhalten des Deutschen Vereins (NDV, 12/2012, S. 570) vorhandene Studiengänge für die Qualifizierung von Fachberater/innen auf ihre fachberatungsspezifische Praxistauglichkeit hin zu evaluieren. In den letzten Jahren sind bundesweit viele Studiengänge im Bereich der Frühpädagogik eingerichtet worden. Diese und auch andere Studiengänge, wie Bildungs- und Sozialmanagement oder Mentoring, könnten Schwerpunkte, d.h. Masterstudiengänge für Fachberatungen, entwickeln. Durch ein Studium für Fachberatung könnten eine arbeitsfeldbezogene Beratungstheorie und entsprechende berufsethische Prinzipien entwickelt werden, und die Ziele von Fachberatung würden sich nicht mehr ausschließlich aus subjektiven Handlungskonzepten und -kompetenzen ableiten (Friesinger, ebd., S. 24).

32 Qualitative Studie an der Hochschule Rhein Main University of Applied Sciences Wiesbaden Rüsselsheim Geisenheim; Laufzeit vom 1. Oktober 2011 – 31. März 2014.

Aufgrund einer vermutlich übersichtlichen Gesamtanzahl[33] an Fachberatungen in den einzelnen Bundesländern empfiehlt sich ein im bundesweiten Verbund der (Fach-)Hochschulen kooperierendes Netz von Maßnahmen. Da sich das Feld an Fachberatungen durch eine Vielzahl unterschiedlicher Qualifikationen auszeichnet, muss es möglich sein, beim Zugang zu einem Studiengang Kompetenzen, die in der beruflichen Praxis oder in berufsbegleitenden Weiterbildungen erworben worden sind, angerechnet zu bekommen. „Eine konsistente Umsetzung der Kompetenzorientierung in der Qualifizierung erfordert von den Handlungsanforderungen im beruflichen Feld abgeleitete differenzierte Kompetenzprofile, kompetenzorientierte Curricula sowie eine handlungsorientierte Methodik und Didaktik" (Kerl-Wienecke, Schoyerer und Schuhegger, 2013, S. 86).

5.2.4 Empowerment der Fachberatung

Eine Fachberatung, die sich für die Kompetenzstärkung der Verantwortungsträger von Kindertageseinrichtungen einsetzt, damit die sich wiederum für die Kompetenzentwicklung der Kinder engagieren können, ist nur authentisch, wenn sie dies auch für sich selbst in Anspruch nimmt. Dabei geht es zum einen darum, sich für die individuelle Kompetenzentwicklung und -stärkung und zum anderen für die Entwicklung kollektiver Maßnahmen einzusetzen. Beides setzt voraus, dass sich Fachberatung selbst und ihr Berufsbild wichtig nimmt und nicht nur fehlende Rahmenbedingungen für ihr Nicht-Handeln verantwortlich macht.

Eine Möglichkeit, die eigenen Kompetenzen einzuschätzen und weiterzuentwickeln, wird durch die oben erwähnten „Modularen Informations- und Trainingsprogramme" (MIT) von Heyse und Erpenbeck (2009, S. XXXIII f.) geboten. Bei dieser selbstintendierten Kompetenzentwicklung wird Fachberatung angeregt, ihre Kompetenzen durch Fragebögen selbst einzuschätzen, daraus persönliche Zielsetzungen mit Veränderungsvorsätzen abzuleiten und sich Veränderungsmöglichkeiten zu verdeutlichen. Dabei kann Fachberatung herausfinden, welche Gewohnheiten, Hindernisse und „Bremsen" der Zielerreichung entgegenstehen. Nach der Durchführung geeigneter Übungen ermöglichen zusammenfassende Checklisten eine Einschätzung, ob sich Kompetenzen tatsächlich in der gewünschten Weise entwickelt haben.

33 Lt. Statistischem Bundesamt (2013) gibt es 52.484 Kindertageseinrichtungen bundesweit und beispielsweise 9.384 in NRW. Bei einer Zuständigkeit von 57 Kindertageseinrichtungen pro Fachberatung (siehe 2.2) ergäbe sich rein rechnerisch eine Zahl von 921 Fachberatungen bundesweit und 165 in NRW.

Sich für die Entwicklung kompetenzstärkender Maßnahmen für die Berufsgruppe der Fachberatungen einzusetzen, bedarf es neben der AGJ, BAGLJÄ oder dem Deutschen Verein weiterer Fürsprecher/innen, wie Spitzenverbände, Landschaftsverbände, Gewerkschaften, Fachverbände u. a. Interessensgruppen.

Friesinger (2008, S. 89) geht einen Schritt weiter. Sie führt die Gründung eines Berufsverbandes für Fachberatungen als mittelfristige Perspektive an, um verbindliche Maßstäbe und Standards einheitlich vertreten und formulieren zu können. Mit einer bundesweiten Vernetzung der Fachberatungen kann eine Abgrenzung zu anderen Beratungsberufen, z.B. Supervision, Coaching, Organisationsberatung, Mediation und deren Kompetenzprofilen stattfinden. Mit einem Berufsverband als Ansprechpartner für Politik und Wissenschaft würde auch die Dialogpartnerschaft strukturell verankert werden.

Letztlich geht es um die Entwicklung einer Empowerment-Grundhaltung. Diese zielt nach Herriger (2007, S. 250) darauf ab, die Menschen zur Entdeckung ihrer eigenen Stärken zu ermutigen und ihnen Hilfestellungen bei der Aneignung von Selbstbestimmung und Lebensautonomie zu vermitteln. Diese Grundhaltung spiegelt sich in dem Fachberatungsbild von Karsten (2011, S. 17) wieder:

> „Die dritte ‚Bühne' ist für die Fachberatung [...] selbst; nämlich die ‚Bühne' der aktiven Professionalisierung. Deren ‚Spielplan' umfasst das Arbeitsprogramm: Professionstheoretische, professionspraktische und professionspolitische Analysen, Befunde und Erkenntnisse zur Fachberatung zu erarbeiten, diese in fach-, sozial- und bildungswissenschaftlichen, fachsozial- und bildungs- bzw. hochschulpolitischen Arenen zu argumentieren, um damit Professionalisierungspfade aufzuzeigen und zu entwerfen und so die Unterstützungssysteme als wesentliche Akteurinnen der aktiven Professionalisierung sichtbar werden zu lassen."

Mit diesen Herausforderungen bleibt abschließend eine Zusammenschau auf das bisher Gesagte.

6. Fazit

Selbstorganisationsfähigkeiten bzw. Handlungskompetenzen sind Voraussetzung zur Bewältigung von einer durch Komplexität gekennzeichneten Umwelt bzw. Gesellschaft. Dies trifft auf Kinder, pädagogische Fachkräfte, Leitungen, Träger und Fachberatungen gleichermaßen zu.

Damit der **Kompetenzbegriff** nicht zu einer umgangssprachlichen Worthülse verkommt, muss er stets mit Inhalt gefüllt werden. Auch die in dieser Arbeit zitierten fachberatungs- oder kindertageseinrichtungsspezifischen Quellen haben selten den Begriff konkretisiert. So hat rein theoretisch die Möglichkeit bestanden, ihn an manchen Stellen nicht als Handlungskompetenz, sondern mit Befugnis oder mit Wissen zu übersetzen. Jede Fachberatung muss sich mit ihrem Kompetenzverständnis auseinandersetzen, denn ihre Austarierung zwischen Kognitions- oder Performanzrichtung ist wegweisend bei der Umsetzung ihres Beratungsauftrages.

Handlungskompetenz der Fachberatung ist der Schlüssel zur Qualitätsentwicklung in Kindertageseinrichtungen. Eine kompetente Fachberatung ist innerhalb des aktuellen Reformprozesses der Kindertageseinrichtungen sogar wichtiger denn je.

Ein **Kompetenzprofil** auf der Basis des KompetenzAtlas von Heyse und Erpenbeck zu entwickeln, ist nur eine mögliche Vorgehensweise, um notwendige Kompetenzen einer Fachberatung darzustellen. Der Deutsche Qualifikationsrahmen (DQR) bietet eine weitere und differenziertere Möglichkeit, Kompetenzen zu formulieren.

Das in dieser Arbeit erstellte Kompetenzprofil macht deutlich, dass vor allem personale Kompetenzen sowie Fach- und Methodenkompetenzen für Fachberatung eine hohe Relevanz haben. Es bleibt zu vermuten bzw. wissenschaftlich zu untersuchen, dass bzw. ob sich bei einer Fachberatung mit Dienst- und/oder Fachaufsicht andere Kompetenzen, insbesondere im Hinblick auf ihre Aktivitäts- und Handlungskompetenz, darstellen würden. Entscheidungsfähigkeit und Konsequenz oder ergebnisorientiertes Handeln und zielorientiertes Führen sind eher notwendige Fähigkeiten für diesen Aufgabenbereich.

Ein Kompetenzprofil leistet einen wichtigen Beitrag zur Anerkennung des Berufsbildes von Fachberatung. Es fordert zur (Um-)Gestaltung von Rahmenbedingungen und Beschäftigungsverhältnissen auf. Es bildet die Grundlage zur Entwicklung kompetenzbasierter Unterstützungs- und Qualifizierungsmaßnahmen. Darüber hinaus bietet es Anreiz zur Gestaltung eigener Qualitätsmanagementsysteme und Evaluationsmaßnahmen. Vor allem trägt es zur Transparenz nach innen, d. h. in der Fachberatungs- und Trägerlandschaft, und nach außen, d.h. gegenüber Politik und (Fach-)Öffentlichkeit, bei.

Das hier erarbeitete Kompetenzprofil erhebt keinen Anspruch auf Vollständigkeit. Es bietet aber einen ersten Aufschlag zur Auseinandersetzung mit Vertreter/innen aus Politik und Wissenschaft sowie mit Anstellungsträgern und anderen Fachberatungen. Ein Kompetenzprofil auf der Basis des Kompetenzmodells von Heyse und Erpenbeck zu entwickeln, bot die Möglichkeit, eine erste Strukturierung und Systematisierung von Fachberatungskompetenzen vorzunehmen.

Die Arbeit kommt zu dem Schluss, dass Fachberatung für Kindertageseinrichtungen stärker ins Bewusstsein der verschiedenen Entscheidungsträger rücken muss. Alle im System Verantwortlichen, vor allem Politik, Wissenschaft, Anstellungsträger sowie Fachberatung selbst, stehen vor großen Herausforderungen, entsprechende Voraussetzungen zur **Etablierung von kompetenzstärkenden Maßnahmen** zu schaffen. Manche Herausforderungen scheinen zunächst unüberwindbar, doch die Reformbewegungen in der Historie der Kindertageseinrichtungen haben immer wieder gezeigt, dass sich diese auch positiv auf Fachberatungen ausgewirkt haben.

Die Etablierung voranzutreiben, liegt vor allem an den Fachberater/innen selbst. Sie müssen sich mit den Unzulänglichkeiten in der Vergangenheit konfrontieren und mutig Veränderungen angehen, auch für sich selbst. Sich dem zu stellen, ist allerdings kein Eingeständnis dafür, dass sie bisher inkompetent und unqualifiziert gearbeitet haben. Eher verdient es die besondere Wertschätzung dessen, was Fachberatung bisher geleistet hat. Letztendlich sind und waren es die Kompetenzen, die Erzieher/innen, Sozialpädagog/innen oder anderweitig Qualifizierte formell und informell weiterentwickelt haben, um sich der Aufgabenvielfalt als Fachberatung zu stellen und diese zu bewältigen. Auch in Zukunft, wenn sich fachberatungsspezifische Qualifizierungsmaßnahmen etabliert haben, leistet auch der nicht unerhebliche, informelle Kompetenzerwerb im privaten und sozialen Umfeld der Fachberatung einen wichtigen Beitrag.

So wie Fachberatung in Kindertageseinrichtungen nur Impulse und Anreize für Veränderungen geben kann, kann auch diese Arbeit nur Anstöße für Entwicklungen und Innovationen geben. Die Verantwortung liegt in den einzelnen Verantwortungsebenen mit all seinen Subsystemen selbst. Nur wenn einzelne Systeme für sich den Sinn erkennen, ist Veränderung möglich. Es ist manchmal undurchsichtig, warum sich wer warum wie verhält. Unsichtbare Wurzeln in der Historie, tradierte Werte, unreflektierte Überzeugungen oder verdeckte Emotionen können Veränderungen blockieren. Stellen sich alle Verantwortungsträger den formulierten Herausforderungen, so würde Fachberatung beispielsweise nicht unerheblich an Macht gewinnen. Macht durch Wissens- und Kompetenzzugewinn und Macht durch Mandat könnten allerdings bei einer einzelnen Fachberatung sowie bei den anderen Verantwortungsebenen Angst vor zu großem Einfluss erzeugen.

Durch die Entwicklung von Aus-, Fort- und Weiterbildungsangeboten für Fachberatungen kann das gesamte System der frühkindlichen Bildung, Betreuung und Erziehung in den nächsten Jahren einen starken Qualitätsschub erfahren. Allein diese Arbeit birgt Anhaltspunkte zur weiteren wissenschaftlichen Auseinandersetzung, wie z. B.

- die Entwicklung eines Beratungsverständnisses von Fachberatung für Kindertageseinrichtungen in Abgrenzung zu anderen Beratungsberufen,
- kritische Begutachtung des Beratungsauftrages von Fachberatung mit Fachaufsicht,
- Kooperation der Fachberatung für Kindertageseinrichtungen mit Fachberatung für Kindertagespflege,
- die Entwicklung von Evaluationsinstrumenten für die Fachberatung von Kindertageseinrichtungen oder
- der Blick zurück in die historische Entwicklung von Fachberatung.

Doch was geschieht, wenn es keine wissenschaftliche Auseinandersetzung mit Fachberatung für Kindertageseinrichtungen gibt? Was geschieht, wenn keine trägerinternen und landes- bzw. bundesweit vernetzten, kompetenzstärkenden Maßnahmen für Fachberatung installiert werden? Was würde diese Alternative mittelfristig unsere Kindertageseinrichtungen und langfristig unsere Gesellschaft kosten? Bei dieser Berechnung der Opportunitätskosten sind sowohl die monetären als auch nicht-monetären Kosten zu berücksichtigen.

In Zukunft geht es um die ausgewogene Inklusionsbeziehung zwischen Wissen, Qualifikation und Kompetenzen der Fachberatung für Kindertageseinrichtungen, um die Zukunft der Kinder und damit unsere Gesellschaft zu gestalten. Die Fokussierung auf ganzheitliche Menschenbildung statt auf isolierte Wissensbildung ist für Kinder genauso richtungsweisend wie für Fachberatung selbst.

Literaturverzeichnis

Arbeitsgemeinschaft für Jugendhilfe (AGJ) (1997): Fachberatung. Ein Beitrag zur Qualifizierung, Vernetzung und Weiterentwicklung von Tageseinrichtungen für Kinder, Bonn. Online verfügbar unter http://www.agj.de/fileadmin/files/positionen/1997/Fachberatung%20Tageseinrichtungen%201997.pdf, zuletzt geprüft am 15. März 2014.

Bamler, Vera (o. J.): Fachberatung als Bestandteil der Qualitätsentwicklung im Bereich von Kindertageseinrichtungen und der Tagespflege (Kindergartenpädagogik Online-Handbuch). Herausgegeben von Martin R. Textor. Online verfügbar unter http://www.kindergartenpaedagogik.de/1550.html, zuletzt geprüft am 15. März 2014.

Beher, Karin/Walter, Michael (2011): Breit aufgestellt, hohe Zuständigkeitsquoten, ungeliebte Tätigkeitsanteile. Ergebnisse der WiFF-Untersuchung zur Fachberatung, in: TPS – Theorie und Praxis der Sozialpädagogik, H. 4, S. 18–21.

Bertelsmann Stiftung (2008): Ländermonitor Frühkindliche Bildungssysteme. Online verfügbar unter http://www.bertelsmann-stiftung.de/cps/rde/xchg/bst/hs.xsl/93829_116537.htm, zuletzt geprüft am 15. März 2014.

Bertelsmann-Stiftung (o. J.): Gute KiTa – Darauf kommt es an, Bertelsmann Stiftung. Online verfügbar unter http://www.bertelsmann-stiftung.de/cps/rde/xchg/bst/hs.xsl/93829_116537.htm, zuletzt geprüft am 15. März 2014.

Bundesarbeitsgemeinschaft der Landesjugendämter (BAGLJÄ) (2003): Empfehlungen zur Fachberatung. Landschaftsverband Rheinland – Landesjugendamt, Köln. Online verfügbar unter http://www.bagljae.de/downloads/091_fachberatung_2003.pdf, zuletzt geprüft am 15. März 2014.

Bundesvereinigung Evangelischer Tageseinrichtungen für Kinder (BETA) (Hrsg.) (2011): TPS – Theorie und Praxis der Sozialpädagogik. Leben, Lernen und Arbeiten in der Kita, 4. Seelze.

Deutscher Bundestag (1. Januar 1991): Sozialgesetzbuch – Achtes Buch – Kinder- und Jugendhilfe – (Artikel 1 des Gesetzes vom 26. Juni 1990, BGBl. I S. 1163). SGB VIII. Online verfügbar unter http://www.gesetze-im-internet.de/sgb_8/, zuletzt geprüft am 15. März 2014.

Deutscher Paritätischer Wohlfahrtsverband – Gesamtverband e.V. (2010): Fachpolitisches Positionspapier. Fachberatung in Kindertageseinrichtungen. Deutscher Paritätischer Wohlfahrtsverband – Gesamtverband e.V. Berlin.

Deutscher Verein für öffentliche und private Fürsorge e.V. (Hrsg.) (2007): Fachlexikon der sozialen Arbeit. 6. Aufl. Baden-Baden.

Evangelische Kirche im Rheinland/Diakonisches Werk der Evangelischen Kirche im Rheinland e.V./Rheinischer Verband Evangelischer Tageseinrichtungen für

Kinder e. V (Hrsg.) (2009): Integriertes Bildungssystem Evangelischer Kindertageseinrichtungen. global gedacht – global gemacht. 1. Aufl. Moers.

Friesinger, Theresia (2008): Braucht Fachberatung ein Gesicht? Richtlinien für ein klares, professionelles und bundeseinheitliches Berufsbild der Fachberatungen für Kindertagesstätten mit kurz-, mittel- und langfristigen Perspektiven. Bachelor Thesis. Norderstedt.

Fthenakis, Wassilios E./Hanssen, Kirsten/Oberhuemer, Pamela/Schreyer, Inge (2003): Träger zeigen Profil. Qualitätshandbuch für Träger von Kindertageseinrichtungen. 1. Aufl. Weinheim.

Gerlach-Keuthmann, Ursula (2009): Fachberatung: Perspektiven eines Unterstützungssystems. Nichts ist beständiger als der Wandel, in: Evangelische Kirche im Rheinland/Diakonisches Werk der Evangelischen Kirche im Rheinland e.V./ Rheinischer Verband Evangelischer Tageseinrichtungen für Kinder e.V (Hrsg.): Integriertes Bildungssystem Evangelischer Kindertageseinrichtungen. global gedacht – global gemacht. 1. Aufl. Moers, S. 95–101.

Grigat, Marika (2012): Rahmencurriculum für ein Bachelor-Studium zum Fachberater/zur Fachberaterin in Kindertageseinrichtungen. Masterarbeit. Betreut von Marion Musiol und Mandy Fuchs. Neubrandenburg. Hochschule Neubrandenburg, Fachbereich Soziale Arbeit, Bildung und Erziehung.

Hense, Margarita (2008): Zur Wirksamkeit der Fachberatung. Eine empirische Studie. Dissertation. Bielefeld. Universität Bielefeld, Fakultät für Psychologie und Sportwissenschaft. Online verfügbar unter http://pub.uni-bielefeld.de/luur/download?func=downloadFile&recordOId=2303371&fileOId=2303374, zuletzt geprüft am 15. März 2014.

Herriger, Norbert (2007): Empowerment, in: Deutscher Verein für öffentliche und private Fürsorge e.V. (Hrsg.): Fachlexikon der sozialen Arbeit. 6. Aufl. Baden-Baden, S. 250–252.

Heyse, Volker/Erpenbeck, John (2007): Kompetenzmanagement. Methoden, Vorgehen, KODE® und KODE®X im Praxistest. Münster.

Heyse, Volker/Erpenbeck, John (2009): Kompetenztraining. Informations- und Trainingsprogramme. 2. Aufl. Stuttgart.

Heyse, Volker/Erpenbeck, John/Ortmann, Stefan (Hrsg.) (2010): Grundstrukturen menschlicher Kompetenzen. Praxiserprobte Konzepte und Instrumente, Münster (Kompetenzmanagement in der Praxis, 5).

Hochschule RheinMain University of Applied Sciences Wiesbaden, Rüsselsheim, Geisenheim (o. J.): Die Rolle von Fachberatung im System der Entwicklung von Qualität in der frühen Bildung. Aktuelles Forschungsprojekt. Unter Mitarbeit von Angelika Ehrhardt, Michael May und Michael Schmidt. Online verfügbar unter http://www.hs-rm.de/sw/forschung-weiterbildung/forschung/aktuelle-forschungsprojekte/index.html, zuletzt geprüft am 15. März 2014.

Irskens, Beate (2007): Fachberatung für Kindertageseinrichtungen, in: Deutscher Verein für öffentliche und private Fürsorge e.V.: Fachlexikon der sozialen Arbeit. 6. Aufl. Baden-Baden, S. 302–303.

Karsten, Maria Eleonora (2011): Fachberatung revisited. Shakespeare-Bühnen in der Elementarpädagogik, in: TPS – Theorie und Praxis der Sozialpädagogik, H. 4, S. 15–17.

Kerl-Wienecke, Astrid/Schoyerer, Gabriel/Schuhegger, Lucia (2013): Kompetenzprofil Kindertagespflege in den ersten drei Lebensjahren. 1. Aufl. Berlin (Frühe Kindheit).

Kraif, Ursula/Wermke, Matthias (Hrsg.) (2007): Der Duden: das Standardwerk zur deutschen Sprache. 9. Aufl. Mannheim (hrsg. vom Wiss. Rat der Dudenred., Bd. 5).

Landtag Nordrhein-Westfalen (1. August 2008): Gesetz zur frühen Bildung und Förderung von Kindern (Kinderbildungsgesetz) – Viertes Gesetz zur Ausführung des Kinder- und Jugendhilfegesetzes – SGB VIII. KiBiz, vom 1. August 2011. Online verfügbar unter http://www.mfkjks.nrw.de/web/media_get.php?mediaid=17223&fileid=50840&sprachid=1, zuletzt geprüft am 15. März 2014.

Lensing-Peters, Gisela (2013): Rundschreiben Nr. 42/823/2013. U3-Ausbau: Inbetriebnahme von geförderten Plätzen für Kinder unter drei Jahren. Erlass des Ministeriums für Familie, Kinder, Jugend, Kultur und Sport des Landes Nordrhein-Westfalen vom 22. Februar 2013. Herausgegeben von Landschaftsverband Rheinland – Landesjugendamt. Lensing-Peters. Köln. Online verfügbar unter http://www.lvr.de/media/wwwlvrde/jugend/service/rundschreiben/dokumente_96/investitionen/Nr823u3.pdf, zuletzt geprüft am 15. März 2014.

Lensing-Peters, Gisela (2013): Rundschreiben Nr. 42/841/2013. Erteilung einer Betriebserlaubnis nach § 45 SGB VIII. Anpassung der Betriebserlaubnis und des Betriebserlaubnisverfahrens an die durch das Bundeskinderschutzgesetz erweiterten Anforderungen der §§ 45 ff. SGB VIII. Landschaftsverband Rheinland – Landesjugendamt. Köln. Online verfügbar unter http://www.lvr.de/media/wwwlvrde/jugend/service/rundschreiben/dokumente_96/aufsichtte/Rundschreiben_Nr_42_841_2013_vom_23072013_.pdf, zuletzt geprüft am 15. März 2014.

Leygraf, Jan (2013): Fachberatung in Deutschland. Eine bundesweite Befragung von Fachberaterinnen und Fachberatern für Kindertageseinrichtungen. Zehn Fragen – Zehn Antworten. Deutsches Jugendinstitut e. V. – Weiterbildungsinitiative Frühpädagogische Fachkräfte (WIFF). Frankfurt am Main. Online verfügbar unter http://www.weiterbildungsinitiative.de/uploads/media/Studie_Leygraf_Fachberatung_web.pdf, zuletzt geprüft am 15. März 2014.

Ministerium für Arbeit, Gesundheit und Soziales des Landes Nordrhein-Westfalen (1983): Richtlinien über die Gewährung von Zuwendungen zur Förderung der Fachberatung für Tageseinrichtungen für Kinder.

Ministerium für Familie, Kinder, Jugend, Kultur und Sport Nordrhein-Westfalen/Ministerium für Schule und Weiterbildung Nordrhein-Westfalen (2011): Mehr Chancen durch Bildung von Anfang an – Entwurf. Grundsätze zur Bildungsförderung für Kinder von 0 bis 10 Jahren in Kindertageseinrichtungen und Schulen im Primarbereich in Nordrhein-Westfalen, Geldern. Online verfügbar unter http://www.bildungsgrundsaetze.nrw.de/fileadmin/dateien/PDF/Mehr_Chancen_durch_Bildung.pdf, zuletzt geprüft am 15. März 2014.

Nachrichtendienst des Deutschen Vereins (NDV): Empfehlungen des Deutschen Vereins zur konzeptionellen und strukturellen Ausgestaltung der Fachberatung im System der Kindertagesbetreuung. 12/2012, S. 562–571.

OECD Berlin Centre (o.J.): PISA – Internationale Schulleistungsstudie der OECD. Online verfügbar unter http://www.oecd.org/berlin/themen/pisa-internationaleschulleistungsstudiederoecd.htm, zuletzt geprüft am 15. März 2014.

Rheinischer Verband Evangelischer Tageseinrichtungen für Kinder e.V./Arbeitskreis Fachberatung Tageseinrichtungen für Kinder im Diakonischen Werk der Evangelischen Kirche im Rheinland e.V. (o. J.): QM-Handbuch. Evangelische Fachberatung. Unter Mitarbeit von Diakonisches Werk der Evangelischen Kirche im Rheinland e.V., Evangelische Kirche im Rheinland und Bundesvereinigung Evangelischer Tageseinrichtungen für Kinder e. V. (BETA). o.O.

Sächsisches Landesamt für Familie und Soziales (1996): Orientierungshilfe des Sächsischen Landesjugendamtes zur Fachberatung in Kindertageseinrichtungen gemäß § 15 SäKitaG. Online verfügbar unter https://publikationen.sachsen.de/bdb/artikel/11797, zuletzt geprüft am 15. März 2014.

Schäfer, Gerd E. (2005): Bildung beginnt mit der Geburt. Ein offener Bildungsplan für Kindertageseinrichtungen in Nordrhein-Westfalen. 2. Aufl. Weinheim.

Statistisches Bundesamt (Hrsg.) (2013): Statistiken der Kinder- und Jugendhilfe. Kinder und tätige Personen in Tageseinrichtungen und in öffentlich geförderter Kindertagespflege am 1. März 2013. Wiesbaden. Online verfügbar unter https://www.destatis.de/DE/Publikationen/Thematisch/Soziales/KinderJugendhilfe/TageseinrichtungenKindertagespflege5225402137004.pdf;jsessionid=A2F1652FCA595F6B2840968E65C39146.cae3?__blob=publicationFile, zuletzt geprüft am 15. März 2014.

Tietze, Wolfgang/Grenner, Katja/Gralla-Hoffmann, Katrin/Dabrowski, Maciej (2008): Evaluierung der Personalausstattung in Kindertageseinrichtungen sowie Struktur und Angebote der Fachberatung für Kindertageseinrichtungen und Kindertagespflege in Sachsen. Abschlussbericht. Sächsisches Staatsministerium für Soziales/PädQUIS gGmbH/Steria Mummert Consulting AG, Berlin. Online verfügbar unter http://www.kita-bildungsserver.de/praxis/literatur/archiv/ergebnisse-der-evaluation-der-personalausstattung-in-kindertageseinrichtungen-sowie-der-struktur-und-angebote-der-fachberatung-fuer-kindertageseinrichtungen-und-kindertagespflege/, zuletzt geprüft am 15. März 2014.

Wimmer, Adelheid (2012): Das Beratungs-Gespräch. Skills und Tools für die Fachberatung. Wien (Linde international).

Anhang

Der Abdruck des Plakats „Gute KiTa – Darauf kommt es an!" ist aus urheberrechtlichen Gründen leider nicht möglich. Das Plakat kann aber unter http://www.bertelsmann-stiftung.de/cps/rde/xchg/bst/hs.xsl/93829_116537.htm heruntergeladen werden.

Die Autorin

Ausbildung und Tätigkeit als staatlich anerkannte Erzieherin, u.a. Leitung einer Kindertageseinrichtung.

Seit 2003 tätig als Fachberaterin für evangelische Kindertageseinrichtungen in Köln und Region.

2009 bis 2013 Berufsbegleitendes Studium Management im Sozial- und Gesundheitswesen B.A. an der Fachhochschule der Diakonie (FHdD) in Bielefeld-Bethel.